Introducing PuzzleWhiz: Your Weekly Brain Boost!

Are you ready to supercharge your brain, sharpen your mind, and have a blast doing it? Welcome to **PuzzleWhiz**, your ultimate companion for weekly mental challenges that are as fun as they are brain-boosting! Designed to keep your mind sharp and entertained, PuzzleWhiz is the perfect way to unwind while giving your cognitive skills a serious workout.

Why Choose PuzzleWhiz?

- **Fresh Challenges Every Week:** Each issue of PuzzleWhiz Word Search is packed with a new set of thrilling puzzles, No two weeks are the same, keeping you on your toes with fresh challenges designed to engage and excite.

- **Scientifically Proven Brain Benefits:** Did you know that solving puzzles regularly can improve memory, enhance problem-solving skills, and even boost IQ? PuzzleWhiz offers a fun and engaging way to keep your brain active, with puzzles that are scientifically proven to benefit mental health.

- **Perfect for All Ages:** Whether you're 8 or 80, PuzzleWhiz is designed to challenge and delight every puzzle enthusiast. It's the perfect way to spend quality time with family or enjoy some well-deserved "me time."

- **Stay Ahead with Monthly and Yearly Subscriptions:** Don't miss a single issue! Subscribe monthly and get 4 exciting issues delivered straight to your door—or go all-in with our **Yearly Bundle** of 52 issues, including a special edition that you can't find anywhere else!

- **Exclusive Special Editions:** Our annual subscribers receive a **Special Edition** packed with bonus puzzles, expert tips, and exclusive content that takes your puzzle-solving skills to the next level. This edition alone is worth the price of admission!

Your Subscription Options:

1. **Weekly Thrills:** Grab your PuzzleWhiz every week and enjoy fresh, exciting puzzles that will keep your brain buzzing.

2. **Monthly Bundle of 4:** Save more and stay ahead of the game! Get a bundle of 4 issues delivered each month, ensuring you never miss a week of mental fun.

3. **Yearly Subscription with Special Edition:** The ultimate package for puzzle enthusiasts! Get 52 weeks of PuzzleWhiz plus a collectible special edition that celebrates the very best of brain challenges with exclusive puzzles, brain-boosting tips, and more.

Don't Just Play—Train Your Brain with PuzzleWhiz!

With PuzzleWhiz, every week is a new opportunity to challenge your mind, improve your cognitive skills, and have a blast doing it. Our puzzles aren't just games—they're brain workouts designed to keep you sharp, focused, and ready for anything life throws your way.

Why PuzzleWhiz and What does it offer?

PuzzleWhiz isn't just another puzzle book—it's your gateway to a world of endless mental challenges, creativity, and fun. Whether you're a seasoned puzzle solver or just looking for a way to keep your mind sharp, PuzzleWhiz is crafted to be the perfect companion for everyone.

Here's why PuzzleWhiz is the best choice: Puzzles are more than just a pastime; they are powerful tools that challenge and stimulate the human mind. From word games to number challenges, puzzles engage cognitive functions, enhance problem-solving skills, and boost mental agility. Research shows that engaging in puzzles can improve brain function, memory, and even delay cognitive decline, making them invaluable for people of all ages. Below, we explore a variety of puzzles and their specific benefits to the human mind and life.

Word Search

A word search is a puzzle that requires players to find hidden words in a grid of letters. Words can appear horizontally, vertically, or diagonally.

Word searches are simple, yet addictive. There's nothing quite like the thrill of spotting a tricky word hidden in plain sight! From quick 5-minute puzzles to deeper, more challenging hunts, this book will take you on a journey through themed words you'll love. Grab your favorite pen or pencil—let's get started!

Importance: Word searches improve pattern recognition, vocabulary, and spelling skills. They also enhance visual scanning and focus, which are critical skills in everyday tasks. Studies have shown that word search puzzles activate the brain's language and memory areas, contributing to cognitive resilience (Smith, 2020).

Tips to Tackle Word Search Puzzles Like a Pro

Here are some tried-and-true tips to help you master these puzzles:

1. **Give the Grid a Quick Look:** Skim the puzzle first to see if any words jump out right away. It's a good way to get the momentum going.

2. **Start with Unique Letters:** Words with unusual letters—like X, Z, or Q—are easier to spot. Zero in on those first.

3. **Think in All Directions:** Words can run vertically, horizontally, diagonally, or even backward. Stay flexible!

4. **Mark as You Go:** Cross out words once you find them—it keeps things neat and avoids confusion.

5. **Use the Word List for Hints:** If you're stuck, go back to the word list to break it down. Look for starting letters or clusters.

6. **Take Breaks if Needed:** Don't get frustrated, sometimes stepping away and coming back with fresh eyes makes all the difference.

7. **Watch for Overlaps:** Keep an eye out, some puzzles are sneaky with words sharing letters!

Why Word Search Puzzles Are Amazing for You

Solving word searches isn't just fun, it's actually great for your brain and well-being!

- **Builds a Better Vocabulary:** You'll learn new words and strengthen your spelling without even realizing it.

- **Improves Focus and Attention:** Word searches train your brain to focus, ignore distractions, and stay on task.

- **Strengthens Pattern Recognition:** Spotting patterns in puzzles carries over to real-life problem-solving skills.

- **Relieves Stress:** There's something incredibly relaxing about getting lost in a good puzzle—it's like meditation!

- **Keeps Your Brain Sharp:** Word searches keep your mind active and may help prevent memory loss over time.

- **Encourages Quick Thinking:** The more puzzles you do, the faster your brain gets at finding solutions.

- **Brings People Together:** Whether you're competing or collaborating, solving puzzles with others makes for great bonding moments.

This book isn't just about finding words—it's about finding joy, challenge, and a sense of accomplishment. Each puzzle offers a mini-adventure, and with every word you find, you're training your brain to think sharper and faster. So what are you waiting for? Dive in, enjoy the hunt, and watch those words come alive!

Happy puzzling!

Subscribe today and become part of the PuzzleWhiz community! Weekly excitement, monthly bundles, and yearly specials await. Don't miss out—your brain will thank you!

References

- Smith, A. (2020). The Impact of Word Search Puzzles on Cognitive Function. *Memory and Language Journal*

SUBSCRIBE

PUZZLEWHIZ

Name:

____

Address:

____

____

Postcode: __________   Phone: __________________

Email: __________________

Subscription

Weekly ☐   Monthly ☐   Yearly ☐

Please fill the form and send it by email to:
PuzzleWhizPub@gmail.com

Payment Information will be sent to your email and phone.

Puzzle # 1

```
N L E N D I N G K C H E P O R T R A Y A L R C
G Y R P Y I Z H G J I Q D A O X S S T E M E E
W F I Z Z E J R Z E F H T I I O C D S M I A Z
M V L G U A N O P C K S G A T J C B I M Q C U
A F P A C G X Y R K I P R A N O D B H C A T C
D X L K G J T S Q T P U X T O Y R V C H P I M
V N H K B G S L H W E A R N I N G S R F N O Q
O O E W E O I G Y J D A G O S Y E Q A C H N T
C A R N Y M I N L Z F S O B S H M B N N Q N Q
A B E H Q R A E G D U J F S E W S O A F E V M
C A D V O P Y P C Z K G J O R N P U N M Y K F
Y P I H S R E N W O D N A L G I Y A T O A E P
D B T I S C S B P D K F O E O V S N R M C M E
M Q Y L P U Z O E C C K G T R N E N S T Q E C
A O U F F J Z O N V N F Z E P S Z O E R Y R N
E T A P I C I T R A P O V D E H M U U T D P A
T A B L O I D H A L B Y X R M P F X N K R U T
T Q M D M D P C F R A U Z O R Y P A F N Y S S
```

ECONOMY	RIGHTIST	RESENTMENT
JUDGE	FLAGGING	PROGRESSION
STANCE	PORTRAYAL	BOOTH
GUANO	OBSOLETED	ADVOCACY
TABLOID	HEREDITY	LENDING
EARNINGS	PARTICIPATE	EDITOR
LANDOWNERSHIP	ANARCHIST	REACTION
PARTY	SUPREME	FRAUZORY

Puzzle # 2

```
S S D E C R E E S F F W G D E U R E G U H A P
T J X A C E L E N Y Y I E D E Z Q E N R N A F
N S A F T C W Z R R D R I W C L R V I P L O F
E P O Y U N J K U U U C J B F F B D E U D E P
U A K P Q A B A K C I T A R V M R J E B Y O C
Z M Y S E B N C E G L E C I V R E S G L H S D
P L Z T N R O S E M S I L A R U L P U I C O Y
M M B R E U I R W E L F A R E S Y H F C R C C
A L E I G T S P D O N A I T Y H S R E A A I R
C C Q K A S S F W A R F A R E B D Q R T I A K
Z Q N E N I E C Y H Y T I R E T S U A I R L Z
O Y X A O D R L E A D E R S H I P M E O T I O
P I C C S Y P D I E H T R A P A J E J N A S K
U O K T R V E T A I R T A P X E W S M R M M V
L G U I E J D Y B T F Y J B E Z P S L P T J U
E B D O P D I O E T T N U O C E R A H U N T V
N N M N Y A S S O C I A T I O N S G W D X A W
T D Y Q Y B T K U Y Y Q L B L O S E X F F F U
```

PLURALISM	REGICIDE	STRIKEACTION
MATRIARCHY	DISTURBANCE	WARFARE
RECOUNT	PUBLICATION	WELFARE
AUSTERITY	REPOST	SERVICE
MESSAGE	LEADERSHIP	DEPRESSION
EXPATRIATE	DECREE	PERSONAGE
SOCIALISM	APARTHEID	REFUGEEING
ASSOCIATION	OPULENT	SECURED

Puzzle # 3

```
Y M E L T D O W N S F O N S A E W B O P M W J
T A I R A T E L O R P X Y F T V M O P O W E R
I N D E P E N D E N T M J N H I S U S L K I M
W N O I T U T I T S N O C O G T I R T I C K L
B K A S T L U A F E D Z S X I A T G R T S U C
D D E S T I T U T E M T E F R V O E E I K K O
I B J Y J M U B E S A N I F H R P O S Z N S U
R X H C E D D B I R R Q W P T E S I S I O D S
E P V T Z C C L C G Z Z J Y R S E S O N O I M
C B H I R H A O O N B V L F I N D I R G N X X
T U B O B N T G H I S S E L B O J E S G G N J
I T W B O U O T X S Q M I T J C D O L T K Y T
N N Q I A V C V V S R E W O P M E E T D O A E
G J T F E S A L R E Y U S M Z E P M S E Q V Y
U A S R R X L A N G Y M S I L A R E B I L B L
N Y N L L T G V F R B P N K R U I C K I V H K
U G Y Y E A U I I A W J H T X S T Z G A I H S
S Z L C Q F A R Q L S H Y J B E C D V N Z H L
```

POWER	INDEPENDENT	GOVERN
NATIONALISM	MELTDOWN	DIRECTING
CONSERVATIVE	BIRTHRIGHT	CROWN
DESPOTISM	DEFAULTS	BOURGEOISIE
DESTITUTE	LIBERALISM	AUTOCRATS
RIVAL	PROLETARIAT	STRESSORS
CONSTITUTION	EMPOWER	LARGESSING
SINGLE-PARTY	JOBLESS	POLITIZING

Puzzle # 4

```
Y Y S I Y H S I Q S A J V K Z O O R U U V I Y
Z E T P S T P A G T Q Q D S A B W T U D R T U
A N A A Z H I A W S T S I L A I C O S I N R C
W J R M P K N R N J A A R R I L U I T S O E I
S C C C W C D K A T F L C K Y S D U X T I D T
D B O A I T I V L D I Z A W T S E Q T R T I I
D F T G V N C E I D I S B R J T L P N U A S Z
K C U Z I E E R M L E L T X Y B B O O S Z T E
S U A D R I S A L O L N O A C T M R I T I R N
M L S K A C U F V N F A O S T Y E T T F L I S
R T T J L I W R L Y P A G H B E M A C U A B H
I I N T I F W A E B B A E E P H E L E L N U I
V V U L Z E F W Z I E A K U R A R Z L O I T P
F A O G A D E X P A N S I O N I S M E P G I C
Z T C I T S A F J A W Y A X X A J U K P R V R
O O K B I R L G M Z C A Y I E W B E O O A E O
P R V U O J K E D W S A H J U N I Z Y S M U W
L A S H N T A M J P A G B V A X W H C E F A N
```

ELECTION	CRASH	SOLIDARITY
ANTI-STATE	VILLAGER	DEFICIENT
AUTOCRATS	VIRALIZATION	EXPANSIONISM
CULTIVATOR	DISTRUSTFUL	MARGINALIZATION
REMEMBLED	CROWN	OPPOSE
SALARY	SOCIALIST	PORTAL
CITIZENSHIP	REDISTRIBUTIVE	WARFARE
COUNTS	SOUSAPHONE	INDICES

 **Themed Word Search Puzzles: Issue 19** 

Puzzle # 5

```
T Z J T N E M T F I H S H E Z L Y D G E O S Z
K A J K A L H B U X B O C Q R E H L N Y G G U
X V B C S O H I B I E B I H Q M P W I L E Z B
K D X L S O U S A P H O N E R U E O T I R T G
Q S G C O N F I D E N C E H M U E M S N U N I
I C L A C I T I L O P X Z S T O O W O M T E I
I O A S S R D O M G S I G N I F Y T P P L M E
J N U C Y H N Z Z C L I Q Y R T W C A A U T D
Y S H I O O Z I R P A M I L A F I S O R C N N
Z U D H E L B M U R G P T B T N T H U C I E V
E L S T P R E T S O R E A U E O X A T H R T P
M T I E X Y T X G W T A K A R I Y G L I G N W
E A J U N T A S F X Z C C A N T T Q I V A O P
R N M N F S P G L J G H L U O I Q Y E E T C J
P T R C O N Z L T O C U U L I D C M R D R S B
U R E K A W J T A H Z L K D T A G H S H C I J
S R I A H C N V K O U F V X A R K K X E D D Y
R F C M O T N H J N G Z A J N T L W M N I T Z
```

NATION	AGRICULTURE	TOUR
ROSTER	CHAIR	SHIFTMENT
DISCONTENTMENT	SIGNIFY	ETHICS
SOUSAPHONE	OUTLIERS	IRATE
TABLOID	IMPEACH	TRADITION
CONFIDENCE	GRUMBLE	SUPREME
JUNTA	PASTORAL	POSTING
POLITICAL	CONSULTANT	ARCHIVED

Puzzle # 6

```
V R D K F F Y Z I R D D V M R E K A M G N I K
S Y D V S E J V E F M N O I T A C O L E R W I
U E L L O X G D O N A U G K I N C L U S I O N
V K Z V N Z A A C J O O I A K C D N Q N S R U
Z Y T J U E U P K A T N K S E T T L E M E N T
L T H L L N W K E N T J S U F F R A G E T T E
V H X M M F P E S S I M I S M R Q U Y W G P R
W L F S S T A K E H O L D E R M T E M J U A E
Y P Q V O R A T W O L L E F C N X L E Q W X T
H O C E R T I F I C A T I O N X J Y P O E E R
L Z H K Q S S E N E V I S U L C N I Z G Z A E
G Y W W K Z P E A V I P R O L E T A R I A T N
R E R I P S N I F I D S V X J P L P O G Z V C
L A B S E N T E E I J K M U K H O L Y R R T H
J D I E H T R A P A N M N L R L D K X O A L M
E N O I S S E C C U S A Y F T Y U F W U A S E
R E C E S S I O N A R Y M N E Y U F J P R Z N
E V O M J A H W R J U R R I O L L P Z L Q G T
```

INCLUSIVENESS	MANIFESTOS	LINKAGE
LEADER	RECESSIONARY	RELOCATION
CERTIFICATION	SETTLEMENT	HOLY
KINGMAKER	INFLUX	ABSENTEE
INSPIRER	PROLETARIAT	SUFFRAGETTE
RETRENCHMENT	STAKEHOLDER	FELLOW
SUCCESSION	APARTHEID	INCLUSION
GROUP	GUANO	PESSIMISM

Puzzle # 7

```
X D R E N M R S T I S N A R T N U O L G E Z M
Z I O D I S C R E D I T E D I N C E A Q L W H
A S K L F I E T M F F Y B T C Y A L I G D A K
C A H Y P E R I N F L A T I O N Y X C I U B W
C F C C Q R B F O T W C V B X H Z J O Q N G S
O F I D M O T H N J B I F Y S T K X S O P E V
U I W U V E I E V N C C Q X E G A T I R E H K
N R D I H R M B E L I N X E K D P T X S Y P N
T M N U W U Y A T T A S K T I M C V L E T O M
A E T M C D H O M Y X V S S A A W W X F I U O
B N X O I B C I D N F Z M E R K Z V A T N K H
I T D K N A R U S P U I L T R F R O A F R Y V
L D E P D N A Z U S S U N T Z G E R W O E G W
I W B A I K R E S S A O X Z M I O N H N T B Q
T M A Y G R E A A K C L C L S P N R F J A Y M
Y Z T C E U I L O K E R C Z R R E W P B R O X
L B E U N P H N G E F S Q O I C J I T I F X T
D A S T T T A M X R S J C O H R N P I E O Y C
```

LAW	PROGRESS	DISAFFIRMENT
CLASS	INDIGENT	DISCREDITED
FRATERNITY	EXNILE	CIVIC
CONTRACTION	LAY	HERITAGE
TRANSITS	DEBATES	HYPERINFLATION
DISMISSAL	DOCUMENT	CORPORATION
ACCOUNTABILITY	BANKRUPT	PAYCUT
HIERARCHY	BOVINE	SOCIAL

Puzzle # 8

L A C I D A R Z A X M I E L U R F L E S M A E
R I E X F T C L I W A R R A N T E D B Y S D C
C B V B B A H U N J N D R W S N E A Z X I E N
U O R A L L Y G O J G Q J X U V D R S L O F A
Z V N O M V E L I W E J L R C H E J N E H E I
W C E T R T U L T L R N M H C F I A K G C N G
S U Y E E C K D A C H B G L E P F H N I E S E
Z G A D S S J S P O M G N H S R I N O T S E L
E G C W G M T I I R S H I H S O D U T I E T L
C Y N I C C K G C O I O X H I T O F M M C Q A
Q X D T O L J A I N T U Y N O E C M D A N F G
U Y A N X O X S T A U E Z T N C F M X C A T L
U S U I U W X S R T L K O O L T U O H Y N C I
I U A D O I U E A I O I P N W I Q I N J I I X
S M X L K N B M P O S N P I D O S E I I F I M
V R F C A L J B V N B E K Q Z N B C D G L Z X
E L J S U R G L G N A G G N I T A L S I G E L
E C E H F N Y Y D E P Y T E H C R A M V E F L

LEGITIMACY	OUTLOOK	HIGHLIGHT
CORONATION	CONTEST	WARRANTED
RADICAL	RALLY	SUCCESSION
ANGER	FINANCES	CODIFIED
ARCHETYPE	PROTECTION	SELF-RULE
SALARY	ASSEMBLY	ALLEGIANCE
PARTICIPATION	ABSOLUTISM	ECHOISM
DEFENSE	CYNIC	LEGISLATING

Puzzle # 9

```
J Q S Z X C M M E W I S O L A T I O N I S M G
E S K D X D D W S X D I S A F F E C T I O N Y
W E Y C Q C G E I N O I T A C I F I T R E C U
T S O Z R R L A H N O I T C A F T M V U Q T N
X A E U A A C L I V Z R B A N K R U P T C Y D
W C B L E Q A T J Y F J A M G Z Q T O I X P E
N L L M L L Z H K Y I C M B J A T B X A I R R
G Y E G M S E Y Y A I M B U P R I S I N G O E
T J Z F O V A C I C A P I T A L I S M Z I L M
W H W M T P W D T W M D U C H Y O X S N O E P
Z Y G M I I E O F E Q E J N C Q Z P R D Z T L
Y A Y I U M S H L K D R L X E L K L U K R A O
O Z L J S J N T P B K I E T Q M G F L X W R Y
L X X P E R S O N A G E O Z D Y F C E P G I E
O D D U F Z E V N R O F U L J O Z N L D V A D
X L S G O Z O V M D P A F H U H W A X H O T Z
Q Q S O J R R M O O O L T S I M O N O R G A N
B T U C G R U W M A S T E R M I N D X O V Q M
```

OVERSIGHT	CAPITALISM	MEDIA
PROLETARIAT	DISAFFECTION	CASES
LEFTIST	MASTERMIND	WEALTH
MELTDOWN	CUT	CERTIFICATION
PERSONAGE	DUCHY	ISOLATIONISM
UNDEREMPLOYED	FACTION	RALLY
RULE	UPRISING	BANKRUPTCY
BARONS	AGRONOMIST	ELECTED

Puzzle # 10

```
O T F B L C K J M I H M S I N I N E L C R L A
V Y X J K I R X S S E N E V I S U L C N I L Q
O Y C B F T V M A A F W S L V E S M Y A K U D
T D O H R S Z J O U R N A L I S M W R P S I S
E N S T L U S E R G O L B Y T I D I U Q I L E
S O X P X R V D Z T R U S T W O R T H Y G O I
W I L O I B G Z Z F U F X L Q N Q M V N U N C
W T P W J N V N K N N Z N Y I O M S L N I V I
B U H E I S O E U C L S G B I C A M E R A L L
R B E R H K L I Z P F S S G C X O S Z M G L O
Q I K E T F A L S Z H E S I M O R P M O C R P
T R G V L V T A B S N C O N S T I T U E N C Y
Y T S I G W I U G N E P I H S R O T A T C I D
J S Z T H Z L D E T A R O P R O C N I S H G X
M I P A I F I N R U H N P L F Z S G J T X Q T
E D F N H W T E F T C R D E Y F I N G I S U M
S B U G R D Y P O W D Y T I D E R E H K T K P
H U P R O C E D U R E C P N B C O C R F S D A
```

POWER	COMPROMISE	HEREDITY
RESULTS	RUSTIC	SIGNIFY
VOTE	DISTRIBUTION	PROCEDURE
DEPRESSION	NATIVE	ALIEN
INCLUSIVENESS	LENINISM	CONSTITUENCY
LIQUIDITY	JOURNALISM	TRUSTWORTHY
DICTATORSHIP	POLICIES	BICAMERAL
VOLATILITY	BLOG	INCORPORATED

Puzzle # 11

```
N O I T A R O B A L L O C V I Y U E H X Y I E
R E Q M I J V I E J X Z I F Q R E K V Y N M
N Q B S R A P N W V R J P C Q A U Z Z H N K R
F P R I E U W M C O H C Z W B O P P O S E Z Z
R F R L V S Z G B T I N C L U S I V I T Y H M
J Z I A E T W A R T E W S E C S M I N R H W T
S V T D N E L P W M N V F T S E A I S S U E N
C V N U U R N E C R O J P T H R S A B T D F A
R K W E E I E Q I T I A A V Y F T L R K U U R
E E C F T T L H E J T T I V F D E Q O T H B G
E L S O N Y M U U Z U U H L E O R A Y S P K I
N E L K T F N T T T L O U J B M M T A O U Q M
I C K Z G S L U O K O M B N I D I O L H F W M
N T D D Z P E R T E S I N C L I N A T I O N I
G O B V Z C Y V I L E X T G I M D T Z D P V B
S R Z K Q T D J I Y R C C Y T I R A L O P Y N
X A K R A K L Z Q L P G N I S S E G R A L O A
D L D X I N T U E W K O C G H C Z F D A R X W
```

VOTE	INCLUSIVITY	COLLABORATION
LABOR	LIVESTOCK	REVENUE
POLARITY	SCREENINGS	FEUDALISM
OPPOSE	TWEET	RESOLUTION
ISSUE	ROYAL	AUSTERITY
IMMIGRANT	STATUTORY	HOST
ELECTORAL	SERFDOM	LARGESSING
TAX	MASTERMIND	INCLINATION

Puzzle # 12

```
A K Y N A P I H S R E N W O D N A L I P Y B T
J N B V A E C N E G I D N I X W C C K O I T G
S S E M P I R I C A L G N I T E G D U B D J L
Q O C O K G R W P I N F L U E N C E R X E Q D
C R C S K M K A D O M I N A N C E F G U O Q E
P E F I M A E R T S E V I L M E D D A Q L D D
T C Q N A I R A T I N U M M O C I A N J O F A
H E N U X L U E S I R A E R R I E H P K G R V
G S D R Q Z I J N L B O E W L P K H D V Y Y R
I S U M M U S Z X C F E H T A S K Z U V J E E
R I A L K R T Q I F G V R T Y R E A L M V U P
H O Q F R B V V X N E B K U U N U F T I G L I
T N U W F E N D E R G Q U B G A R L V O B G A
R A W N O I T A I C O S S A G N X A G O G D P
I R O N I R O D W Q H Q Q X X O L A R W U X B
B Y N O I T A R E T L A U I V I M D O Z A Q P
V B S S E N S U O I T U A C S E E Y N N O J E
Q G C R S R O T I T I C F M D R T T D T Q A O
```

IDEOLOGY	RECESSIONARY	REARISE
ASSOCIATION	INFLUENCER	CAUTIOUSNESS
EMPIRICAL	FENDER	REALM
DEMAGOGUE	BUDGETING	COMMUNITARIAN
REVIVALISM	HEIR	BIRTHRIGHT
SOCIALIZING	DOMINANCE	ALTERATION
AUTHORITARIAN	INDIGENCE	LIVESTREAM
LANDOWNERSHIP	BORDER	CITITORS

Puzzle # 13

```
J S L M A N M P O W L V G T Z M O H R L S A Z
I V N S S U O B C C N N S X A P N R E A G F W
B Y O O R I S I V I I Z M Y C F O J Z I N A M
T T Y R I O L C T D O S O K R R I U A C I Q F
K I X L L T Z A L A I R N Y A Q T N L I V K U
J T R E Z K A O I V C G C E G H A I B F A Y U
Z N T E V G H L I R W O L Z Z A R H L F S G X
W E P Q H K Q T E Q T F L V U S E A I O C P V
D D P R C N I O R R R S H E I H P M A L P D M
S I K O L D I C F D C Z U A R T O J R G R M X
H U T J N U P N W I L H W D F A O D T O O F O
S S H A U A N I M O S I T Y N G C H C S T Z T
A M P K W F F A O A S S B B T I F S O C O U T
R I X L A C I T Y L A N A S L C I E A L C E V
C C F I Y C T P U R K N A B X D E R V H O R I
J N A A N X D A P B W P S G U Z O J C T L S N
M J Z S N P L C F A A W R J X L J T E V B B S
H W E I H R P P H Y B G T U X H U H I R W X P
```

OFFICIAL	TRAILBLAZER	CASH
INDUSTRIALISM	RELOCATION	LOSS
SAVINGS	STOCKHOLDING	MAYOR
REJECT	PANDITIVISM	INHERIT
ANIMOSITY	RELATIONS	PROTOCOL
OBSOLETED	CRASH	DISCORD
COOPERATION	CAPTAIN	BANKRUPTCY
IDENTITY	HASHTAG	ANALYTICAL

Puzzle # 14

```
H T X D S K M R N E W S P R I N T H W A D M A
M P R H B I D X A D H D G R A P H I C Z T C T
W U M Q Q I B L Z E E I M A Y B P H C X A B N
A R D H O T K T K P M S G Z R E N R A E Z X E
L K A L X J I A P T N R A E Z I L I B O M B D
Q N B U P R T E N I O U M S G L B U C D F Y I
Q A V C E R B E A D V P B M Z G A Z B S A T S
T B B H E V M J G L Z T Z U F C R I T I Q U E
Y W N D G T U X E U I I U Z R T U K M A Y O R
Z I N A N N D E T A C O L E R D Z C E B N M P
R U S E N L I T G U Y N M Q V X E D E W B S O
V L S O D N I M R E T S A M S F B N Y F S T E
I E C V C W H I V X R L E T J P L N S E O E T
R V M C Y I B A N K R U P T C Y N W S W Q S A
R I C H E S A Y O I P U G Q O F Z S Q L X S D
R D V Y F R Z L D R Y J Y E J P I W H V F A N
Y G J C O N S E N S U S U N W O D T L E M M A
H X E O E D P U B Q E I H Z N H F X M G P Y M
```

MANDATE	DISRUPTION	CONSENSUS
MAYOR	TABLOID	UNDERTAKE
ASSETS	RESENTMENT	SESSION
MASTERMIND	RELOCATED	MELTDOWN
CRITIQUE	PRESIDENT	RICHES
BANKRUPTCY	BANKRUPT	GRAPHIC
SOCIAL	INHERIT	BURDENS
MOBILIZE	NEWSPRINT	EARNER

Themed Word Search Puzzles: Issue 19

Puzzle # 15

```
R Q W A S X E L N R H J J Q I M K Z O I P W O
F G P H N A A T C E N P Y N H I N L F L J O Y
W Z L A Y A R T R O P Y T O J Z T M G A L F N
S G J V B R U D Q Q L M I I E X F E V A A E C
W N C I X G H P J H Q Y L T G O G N G K E X A
E U O F E Q T I P V X C A A D A R U C I T E S
E Y L P Z Q I Z K J D S U R A N D M I M A D T
S M L R I C M E Y R U N Q T B H E R G V I I I
P N U D A F P S B I F A E I O R F N O Q L S N
A P S R M X O H Z N A O N B G S A I H V I Y G
L Y I S S T R I K E T L I R D J U W M L F R B
L D T B D E T E L O S B O A N T L S I U F T I
O Y Y Q Y Y B N O I T A L F N I T B N M A N A
C J U T Q U A C F N O I T A M A L C O R P U V
K U I O S B E V A D N O I T A M R O F N I O O
L Q K H T E K R A M N H F G X U S I X W F C H
D Z E B T U B A W R J S E C U R I T Y Y Z F H
T L U P I E T Y D I S C O N T E N T M E N T Y
```

SECURITY	STRIKE	INFORMATION
INFLATION	MAIZE	COLLUSITY
LOANS	PIETY	CASTING
COUNTRYSIDE	AFFILIATE	MARKET
BADGE	PROCLAMATION	INEQUALITY
IMPORT	DEFAULT	FLAG
ARBITRATION	DISCONTENTMENT	PORTRAYAL
COLLAPSE	BUSHEL	OBSOLETED

Puzzle # 16

```
V M B V Q S W N M Y R O T U T A T S M N K N C
I M N M X T D O S H Y F T H I N L T T D J O G
A Q B X K L C I I A S S E M B L Y J E L M I D
W O F K Z U S T L J E W M A F B O N D W Y L L
S E I O B A Q A A M Z Q S B R E X S M D H L A
J O L L H F P D C C K N I Y A C Y V O L B E N
E B C F Y E N I I S K P T G M N O J D J B B O
I M M I A D W P D T P J U O E E L J E P K E I
L Y S A A R N E A L U B L N W R P M R M X R T
C W I M W L E R R P R A O O O R M N N L X R A
I L V T X I I T D C A F S I R U E U I T J U N
D K I M V R S Z I C N F B T K C N Y S A H P I
N U T W M Z L T I A G I A A Z N U E M C Y R T
R H C Z R A S S K N E R Q C N O O T I L O P N
B R E R I U N Q A V G M D U M C P L P C U Q A
X L L I R S U R I A H C T D E S F T U O S A C
L A R U T L U C I B G Q Q E O W D O Z J K F V
S S E N S U O I T U A C R M M B P N I U P J R
```

RADICALISM	ABSOLUTISM	UNEMPLOY
CONCURRENCE	BOND	AFFIRM
REBELLION	SOCIALIZING	FRAMEWORK
ANTINATIONAL	TREPIDATION	RANGE
CHAIR	EDUCATION	POLITOON
CAUTIOUSNESS	ASSEMBLY	BICULTURAL
WELFARE	MODERNISM	DEFAULTS
STATUTORY	RUSTIC	LECTIVISM

Themed Word Search Puzzles: Issue 19

Puzzle # 17

```
W H M D Y C S E S S E G R U B L O S S T V M C
C K I J T N E M E G A G N E S I D V Z O X N J
M A Z H P X M F P T E N I C S I M E R S F A J
F M W Y T G J U E N F R A N C H I S E M E N T
E L F N X C B S H D R B B P U L D J J H K Z T
E J B Q M L T W E X M W F H O I N X G L K M E
G C F B I B M Q E D K O U R J M O N O M H W J
N R H S L B E S D X L J E W A J I R V W U T B
I I H O L O W Y I Z U G F J T U T R H L M D M
C V R R I B E Y C C U O O Z N H A T L E A L X
I I E E W S F C N L I R U N E M P L O Y N O Y
V T S M D E M I A V I T K G C T I K J C R F F
R A O R D M O T O T R Q P P C T C T S L I P K
E L U O E T I V Y S N D H E A W I O S T G E K
S I R F A O R W Y H B R B R K B T W B K H E S
B Z C E N N W O D E O H V P E S R C J B T H O
Z E E R P A R Y T I R O N I M T A Q C N S S O
N D S E O A T Q L S B J S D W T P H U B M G J
```

REGULATION	DEFY	BURGESSES
AID	REFORMER	LOSS
SERVICING	REMISCINE	MAJORITY
ACCENT	SKEPTICISM	ENFRANCHISEMENT
ECHOISM	RESOURCE	SHEEPFOLD
DISENGAGEMENT	HUMANRIGHTS	RIVITALIZED
PARTICIPATION	HOEDOWN	UNEMPLOY
MINORITY	PUBLISH	EED

Puzzle # 18

```
H P X E N O P H O B E J I L S H Y P I A Z E M
T I I G E M E D I A S H A R I N G B B Z S J I
O S W V S G J Y P P G F Y J V C I S L R V J B
O K N O I T A C O L E R N N Q N K I B P R Z P
B K G Q F B Q P W P T R G O J L T X J G E Y L
H K Z K C E T P I W N A G I H I N A E N D F E
W I I P F E L Z O S E A H T E N E L W I U Z D
D N O B P A N I P A M R P C J C M K Q S N N G
G V Y T F G Y A T U T B I N G R N J V S D X E
A W E Y S N T E C E R I S A S G G P H E A S J
H Z R H T I I N V T A T C S L R I V J G N G J
B V M M V T L A G U P E M D R Z L T W R C L Q
R J S K Y U A C Y C E R P M G D A B M A Y O W
H K G F M P U T U W D X G U P S E T G L K B I
N F F P Z S Q I X L C S U O I D I P E R T A D
S T G W K I E N H M I G I U T X F T L U G L B
T U D L A D Q G L W J X G F Q R E V I V A L J
S O Q Z I C N L A C S I F K O Z S P E A K E R
```

EQUALITY	ALIGNMENT	RELOCATION
ENACT	BOND	PLEDGE
AXIS	LARGESSING	BOOTH
DISPUTING	TREPIDIOUS	SANCTION
REVIVAL	ELITE	UPSET
REDUNDANCY	GLOBAL	ARBITER
FISCAL	XENOPHOBE	MEDIA-SHARING
DEPARTMENT	SPEAKER	ENACTING

Puzzle # 19

```
X Q E O P A L C D F R J T I J O H G G Z L M C
L A C D D K F Q O C L L E C O J G D O T K S B
E W N V Y T A O G R A J Z J I T C D B O I I D
C Z E U M E K J I R N U M V Z D C L T H H N W
N E R D N A C S P E R Z P W J V R Q T S S O J
E B R M B C E T X X A L M P C C G E A N F I Y
U B U L B G O P X Y I A M D R L Z L V E F T H
L Q C V O T P Z L L R J Y A O H K Z N E Y A T
F G R D O P T N K H A I O C P C E D V R K L R
F A Z X Q E O H C W H M S A A C E V P C C O O
A Y T I C I N H T E S M A B D R G H Q S D S W
Y R I N S P I R E R J I S J E G R E M E O I T
W G R F N A R K D A K G S J A J C K E R E U S
K T N E M Y O L P M E R E O A U T O C R A T U
M Y X I E H U O E L B A S I D X T R E A T Y R
T R Q J U Y X B O W B N S P Y U E S D X E F T
X E N O P H O B I A G T O N O I L L E B E R M
O Z A K H T W J S W W G R G S T R O E N P P X
```

SHARIA	CORN	EMPLOYMENT
REBELLION	FENDER	ASSESSOR
CROP	SCREENSHOT	TREATY
MERGE	SCAN	AFFLUENCE
CURRENCE	VERDICT	INSPIRER
TRUSTWORTHY	XENOPHOBIA	IMMIGRANT
AUTOCRAT	ETHNICITY	DISABLE
ISOLATIONISM	BACKLASH	EED

Puzzle # 20

```
S R O T I D E R C R I Z N D T P B K P I Q H D
Y Q I J Q D F F F E D F S S O M R A D I C A L
C Z L I Z R I C Q Z X Q Q A W S E A G I I G O
T T P Z P S O C I A T W E L F A R E E O K K K
P T R D C U Y G V L P A G E Q P J O B L E S S
U B P A N R R Z J B M A R L I N D M T C Y X V
R Y L C H E O C P L W X D I D L I H G I M W N
K T I B P C E T Q I G T H T F Q S W S Q T P D
N L B A R C H H M A N N Y I F F S C T T Z I K
A S L X E K T T W R P N I S O M E W R J H E C
B O H H M Z T V D T M I Z M U Z N Y E H Q H P
I N T E R F E R E N C E J S A X T H S J M M W
S C O M M A N D E R N O L F F R Y E S I K X V
H Z Q X T R A D I T I O N I L W F K Z X R F X
M S I T A V R E S N O C C H I C K E N E H Z J
W E V U P H M O N O P O L I E S F G S G D B P
R N J V A P S T N E M T N E T N O C S I D A Y
Y P R O P A G A N D A P C X V W I N A X Y V L
```

WELFARE	JOBLESS	DISSENT
COMMANDER	CHICKEN	FRAMING
ELITISMS	CHART	COUNCIL
DISCONTENTMENT	STRESS	CONSERVATISM
TARIFF	PROPAGANDA	MONOPOLIES
BANKRUPTCY	RADICAL	TRAILBLAZER
FISCAL	CREDITORS	INTERFERENCE
THEORY	TRADITION	CITITORS

Themed Word Search Puzzles: Issue 19

Puzzle # 21

```
A F C A R S L R Q E T J J G D V C D S H J Y G
D F S E K A T R E D N U R M J X E F F C U F I
N S E V I T A T N E S E R P E R H V I W H J B
A A L T E R A T I O N E V I T C E R I D I U T
G W S O A R C H E T Y P E P T M L X F R D D L
A N Z X H Z G C L U F T S U R T S I D G T E L
P Z O G O B V O H A V V A A P N I Z E D T Z W
O P K D I R E C T I N G N O R A B T S N I I Z
R L I R I H J N J Q F D P P W T I M E Z N L O
P O P P O S I T I O N Y O X L E B M K C R A C
E K A T S A L Y L O H W J W M O T I L T Q T O
L O U F J R M F T M E V K T N N U U T Z N I M
E E I R M C O G P U X S X U E E S G F M H V M
C S N O I C R E O C N O N S H I R D H D U I E
T R T A B S O L U T E E E L O S K S P M F R R
E W P U B L I S H A F R S N O U S A H U A V C
D E J Z A I Q P K N Z X C D P Q F V K I E N E
G U N O I T A Z I L A R I V D Q J Y W N P E G
```

OPPOSITION	PLOUGHMAN	BUDGET
NON-COERCION	INCLUSION	DIRECTING
STAKE	VIRALIZATION	PROPAGANDA
COMMERCE	DIRECTIVE	CRASH
RESENTMENT	ABSOLUTE	PUBLISH
UNDERTAKE	REPRESENTATIVES	ALTERATION
BARON	ARCHETYPE	DISTRUSTFUL
LANDOWNERSHIP	RIVITALIZED	ELECTED

Puzzle # 22

```
E E R L U H D X L Y T U C R L N W I W G H Q I
C V O T X P I C J Y H W O I B B T Y P N A C L
N I S D K N S E C E P E R R M W K M E I N Z Q
A S S J L O C G A B E Z Y C W O M O N D D K J
R U E K X I O E C N E G I D N I N N A N L F O
E L S Z K T N E L O V E N E B L E O U U E M I
L C S S P A T F Y F L I N K A G E C C F Y U N
O N A I F I E F P U S O X M E I H E P E R F D
T I V H T V N W F T E L E V I S I O N P A G U
X H M N I E T C O O P E R A T I O N P R E S S
P E T A W D M Y S E F E V C H R R M F D X E T
U N N T Y E E S M S I T I L E J T E I Y H H R
I L B E E F N H T E L I X M Z Q L Q O N Y N Y
B U A K T I T T V V U V N F R E T N E S S I D
O W R I H W X N D I S S A T I S F A C T I O N
U C O L R J O S A R O G M E M B E R S H I P I
O C N M O T U R F G U X M W Z L K M Z J Y D J
P S S T Y V M C K O T U C Y A P U A D W B K G
```

ECONOMY	INCLUSIVE	LINKAGE
ECONOMIC	DISCONTENTMENT	PAYCUT
TOLERANCE	TELEVISION	BARONS
DISSATISFACTION	E-NETWORK	PRESS
BENEVOLENT	INDUSTRY	DISSENTER
HANDLE	MEMBERSHIP	INDIGENCE
COOPERATION	ELITISMS	DEVIATION
TRIAL	FUNDING	ASSESSOR

Puzzle # 23

```
C N S H H S A H B K K Q U Q B R X T R M S K X
O E S E W J O S I D R P A W E I A Y B E D T R
M W B L G Y D B N I L I H D R Y A V A T R M A
P C I I K G L D S A K J N S C E O K E I O W Q
E O B T N E C Q T W P A X A Y D S N C N P M H
T M E E V T E F O A M E M H R M I E A C Z Z N
E E Y P O A O V J M N I S K Y L M R R W G L M
N R U G A R Q E O O T G C O E Y C T Y V D P H
T A N W M T I C P I L X X M U H Q C Z D E U B
D L B G F S T H G S E D I Q Y B K S T U Q B N
E L G P A L O E R B U T Z K N V V B M P Y L L
M O U J E B L O P R I V A T I Z A T I O N I U
O C C P I A T D A W U T M E R I T O C R A C Y
C A Q A I C S C T H G I S R E V O X U D O A U
R T K R E T E A A F E Q M S I C S A F N K T J
A I R L R N R P N P C I T A T I O N I Y R I B
C O E J G E N O I T C E T O R P Q H E R I O Q
Y N A S N R F H S Q I P Y Y P P M D C C R N N
```

LEGITIMACY	COMMANDER	RESERVE
STRATEGY	MERITOCRACY	ELECTORS
ELITE	ITEM	DEMOCRACY
PRIVATIZATION	COMPETENT	PROTECTION
PUBLICATION	MONARCHY	PLATFORM
TIMELINE	ALLOCATION	PEASANT
FASCISM	TAPE	NEWCOMER
OVERSIGHT	XENOPHOBIA	CITATION

Puzzle # 24

```
Y E T U T I T S E D H C O L L E C T I V E M E
T X T B U D G E T I N G A L P N T A N I X J R
N E Z H K X Z Z I S D U Q R N F C Z U J N O N
G P Y F V C C P E V I T A L U G O R P R O P L
I P E S F U Y D U K G Q H M V E P I E E I F U
E E N I C S I M E R R Y T A O Y N N C P T N O
R V I T I M E R D O A O C E O V X T N R A K T
E H L N C K W B O C H R W A H T E A E E Z B C
V S C L I Z G U A D E S B T B P Q K D S I X B
O D N K L R N S K S N C S N E S O E N E R V J
S C I O C W I T O O C D E U K N B R E N O L M
Q U R L J M K U I S L C R J R C E N P T G R W
J D R A C J R T L Y Z F A E Z P A J E A E R Z
S Q E V P C A G W Q C Q H O Z D S Q D T T R G
H K M I E N M P E D N T S Z M Q E K N I A W G
M B I R T A E H U M A N R I G H T S I V C U T
V N N L G W R P F U D G T H I Y X P A E W F E
G R D C P S G F J C Y K S V Y L T Z J S H O H
```

SOVEREIGNTY	HUMANRIGHTS	INTAKE
PROPHET	INDEPENDENCE	BUDGETING
CATEGORIZATION	REMIND	COLLECTIVE
DESTITUTE	RIVAL	NATIONS
PROGULATIVE	JUNTA	SHARE
E-NETWORK	REPRESENTATIVES	REMARKING
RESOURCE	BUST	REMIT
LORDS	REMISCINE	INCLINE

Puzzle # 25

```
Z V G X D I E H T R A P A W C A X J X B X U Q
M D K V O C E R E M O N Y Q J W R R E V A M J
W N C A T E G O R I Z A T I O N D T P R O Q W
E H V W S E V E D S H A E W N X E M I H J E J
F U R F L G H S C R E K W K S I T I N C T K U
F I K J D E N N U N F C I N C S M B W N L I R
E I M C H I R A X G A U U Y L W X L K A E E I
M M S V L S E P S K X L U R C W M D T K H Y S
B V I B B E V P R E D O A T I N I B T D V D D
L L T W O B O I O L S K E B E T A B H H B E I
E B O Q W F G N T A R C O T U A Y D J X Q H C
M Y I J U S I G C V G V I N F L U E N C E L T
B H R P T J Z X E R B Z C U U U U C Y U N C I
M W T K G L F W L M R E M R O F N I N U D T O
J O A X O J P F E D I C T A T O R S H I P E N
Z M P C K S R S T S I L A I R E P M I Y N H R
X N A N E P A S R O T I D E R C Q J I E J P Q
B L E T A P I C I T R A P J X X M D Y R L E L
```

JURISDICTION	ARTICLES	CEREMONY
BALANCE	IMPERIALISTS	REDUNDANCY
PARTICIPATE	EMBLEM	LOCAL
APARTHEID	SNAPPING	INFLUENCE
BESIEGE	DICTATORSHIP	PATRIOTISM
INFORMER	FEW	SIT-IN
SECURITY	CATEGORIZATION	GOVERN
AUTOCRAT	CREDITORS	ELECTORS

Puzzle # 26

```
E M E M L I B E R A L I S M E T O U P O V L N
J D I R C I H X S C R E E N I N G S U D Z F T
Z A P L Y C N E A R N E R U F E V U O P L I C
Z B O F A V N C S V G H N S S L O Q N O J V R
F S L L E T Z U V M B A O G S O U N X F I G H
E W O C E I S L B E T B F S K V Y L E Q A L S
C X F X R M U T C S J N N U T E N A M C L I A
N V J I I M R I V O S N A N K N G S U L X Q R
A Y C C V U P V H A B P C C R E K R P R P N U
I E T P K S E A O H B H I O B B J E D E A Q E
G W T I Z Q A T K C R N L L K J E V A I T P K
E R R U N W V O J K D Y B U A S U I T L A X R
L D C I O U R F D V G U M B T M N E T Z Q R
L B F Z X N M F E P L E P N T N A U R U F X R
A G B X C B R M Z W H I E I R E F N I O M I E
S G E I F E B U O N Q H R S C I L B U P E R G
Y J V D Z F E A T C N O I T A C O L L A A P X
O S E X Q F A T N I O P W E I V Y H Y V O U K
```

LIBERALISM	REPUBLICAN	UPDATE
TURNOUT	ALLEGIANCE	OUTLIER
CLOSE	HOST	COMMUNITY
CULTIVATOR	MEME	UNIVERSAL
COLUMNIST	ALLOCATION	CHAOS
UNFAIR	SUMMIT	BENEVOLENT
REPUBLIC	VIEWPOINT	SCREENINGS
TAPE	NATAL	EARNER

Puzzle # 27

```
B P L C A J L U T Y X N N E A D M I P V S M A
E H N V N R A H D V A S A Y Q T Y Z F L T F Z
G Z D L R V Y D L M Y Z D S O L D P F F F W T
T L V C E M V L O D I F M K K N J K K L Y N X
I J D R T N X V Q W B A I K E P J U E I A R Z
N K W R W Q I O W O S S N X D O P N T B N G V
F E P E R S O N A G E B I F Z W E E D I V I D
S X G P F I G K I U V F S V E S O B S Z A Z M
T E N L B S T R G S B F T E S L I V I C N Y M
N C I I E M T E H I M R R D I S S E N T C S U
E U T D L F S L M S D R A E D Y E O F Q H E G
M T U C I O I E U I X T T P A M M W A U O I B
D I P A E R H G K N U D I U O C R R T H R C X
N V S Y V E C A M N O B O C A V T X A V C I A
E E I H E M R T U L E H N X H E W I V P N L G
M Q D K D O A E Q X Z I X L H M T I O P H O U
A V S T O S N D W Y B T P B Q W X J M N W P C
I Z G X R T A K X X C K T U X U L F N I B D O
```

ADMINISTRATION	SOW	DIVIDE
AMENDMENTS	ANCHOR	BELIEVED
INCOME	INFLUX	CIVIL
PERSONAGE	AFFLENESS	DISPUTING
REACTION	EXECUTIVE	IDOL
RELEGATED	CHAOS	DISSENT
LENINISM	FLAG	FOREMOST
ANARCHIST	ITEM	POLICIES

Puzzle # 28

```
Z C L M D G R T P S E H C I R F X U O H D A B
D V Q R Z E P B W P E H V R C O M M U N I T Y
I T N H D Z O Y C X R E M O C W E N N U Y Z T
S V P N E R U T L U C I K A E A W W R Q U B I
E X E D K E Y Y E F G M V F H R P Z E B X X G
N F Q A E G G D C V V X S A V K A F S A W I K
G F W I S F S J A P I V E I T U D C T Y O R U
A L F R Q J E C P R C T Q G L I L O S V F C G
G O U A T Y C J I O P Y U U C A Z T H B W O C
E C V H B H R R T P O M B B L P I A U W O X T
M R E S T H U W A O V A C H I O P N T A K J A
E F B A L L O T L S E E S Z J R M I O I M O Z
N R E L U R S O I E R K K R E E T N U L O V H
T E S A U Z E Z S E T W A P G Q I S L K O N W
G H O M V R R H M L Y U C C D L J J I T D C T
J A I S H H T O E N T R E P A S S E R D Q A N
A Q L N J B N A Y I N F O R M A N T Q I E L B
O T A S K Y C O N F R O N T A T I O N Y Y R S
```

BALLOT	COLONIALISM	FENDER
RULER	RICHES	JOBSCARE
PRIVATIZATION	CONFRONTATION	SHARIA
POVERTY	ENTREPASSER	CAPITALISM
INFORMANT	RESOURCES	UNREST
NEWCOMER	VOLUNTEER	CEREMONY
COMMUNITY	REDISTRIBUTIVE	THINK
PROPOSE	CULTURE	DISENGAGEMENT

Themed Word Search Puzzles: Issue 19

Puzzle # 29

```
V E G N O I T I D A R T F J L W O B N U B U M
J T G O C Y C O T C R P I H S R E D A E L W T
D A N O V K O D N D I S C O N T E N T U U U N
T R O F E E T W Y Q S A N O I T C N I T S I D
N P I Y C G R A I K K S X U U Z R J Z V H F F
O M S C B V U N B I K Y O S A N D H H T D N F
A E I M A V G A M Z W L K T Q P S E O L D V Z
M T V I N R R O G E U U D O F N O E B H I D Q
B N I V E D Z J V H N M J R F E T S T A R I E
L I D M E T S Y S E T T E Z C A K X B T T U H
Z G N I N N A L P F R G M N D W K W X U L E O
T N I R P S W E N I I N A I L O C Q A O S E S
H Z V P E Y H Z Z C M I D Z D L O E K H I R T
V J I S C L M B I U F N D E T E L O S B O D I
P S E X A R K D B E A L Q M S I T A M G O D L
A X M W Y X E U D C C O N S E R V A T I S M I
I T G E U H I S J Z H T D S W N V J U V G L T
W T T N E M E C N U O N N A I V S Q X W L U Y
```

GOVERNMENT	NEWSPRINT	CONSERVATISM
LEADERSHIP	ASYLUM	REGICIDE
SYSTEM	GAUGE	HOSTILITY
DIVISION	RISK	GOVERN
DISTINCTION	CANDIDATE	DEFIANCE
DISCONTENT	DEBATES	INTEMPRATE
DOGMATISM	PLANNING	OBSOLETED
TRADITION	ANNOUNCEMENT	UNSETTLE

Puzzle # 30

```
U H U N P O L I C I E S R F L Z Z W S R Y G X
E Q V N A E B Y O S D I J T P R O C E D U R E
I E N A C T I N G E E C N A I L P M O C B N D
Y X M B P R I G I H U O A W I B G J N R G C G
X D N I M E R F D O A S U O I D I P E R T B C
A F Q Z D M I G E G T N K T H Y O P P O S E R
S X K E K D L H L E U S D S X I S I U C A G Y
D M R U O K W I E A O J G L L S Y O M D R G G
E R R C C T P G G X N I Z N E K Q G E C O S Y
T V M O T V D H A U R S P N I L O V Y L X H U
I M W A F O S L T X U M D O Y N E V O R C S E
D N D P R E D I E S T E K L R L R E C R P P G
E K R E S C R G A G D O H E O T D A A W B N D
R I T I M H H H T N J P B P X I A R E R I L L
C A R G G R A T U C I Z M L I H E L J T U E N
S L J F U Z I O Q O W E T H W I Z A S V A R Y
I Z F S J A B F H H N B N B H S Z A M Z M P W
D E S S X L V L U T N Z E D I E C K R J J O M
```

IDEOLOGY	DELEGATE	TREPIDIOUS
PROCEDURE	HIGHLIGHT	REFORMS
CASTING	EARNINGS	HIERARCHY
PORTAL	DISCREDITED	CODIFIED
OPPOSER	POLICIES	SOYBEAN
FIRMED	COMPLIANCE	HANDLE
DEVELOPMENT	MARCH	BOUNDEDNESS
TURNOUT	REMIND	ENACTING

Puzzle # 31

```
D L B X P S M H E A L T H C A R E O W W G H J
J E R I R Z E V I T C E J B O E T A N N K G O
N I D Y O P F A X H I D P Y D S S T S O Q U E
Z G O Y V U A F F U L E N C E O A I G I R U T
E R M B I O R I W F D F O X T L C U R T T G R
O E O D S R S N K G I K Y S E C E W N A E R Q
G C Q I I G F B O L A R O T C E L E D Z E K F
N N Q V O S U X E I U W M M A L E T I I P R Z
E E K D N Y J M T O T J N A R N T M S N I Z N
T U F R A M E W O R K U X Q T O C L A O N F H
W L J T L L A R O M X I T A Q I F J F L G D V
O F E I K U E R A F R A W I P T O N F O R G D
R N S R Y P R I V A T I Z A T I O N I C T I V
K I W E D I K P L E D G E U K S H E R E T O X
N I Q H M V Y T C N K N I B N O E J M D V R N
K N T N X L N U Z P V Z Y Z B P Q D E N G H B
U I T I F Q U L I U H W K O Q Q J A N D Q W D
S V I E N L I G H T E N M E N T X D T O L M S
```

HEALTHCARE	ENLIGHTENMENT	WARFARE
GROUP	INFLUENCER	AFFIRMATION
PRIVATIZATION	REARISE	MORAL
INHERIT	PLEDGE	POSITION
INFORM	ELECTORAL	DESTITUTION
DISAFFIRMENT	CLOSE	NETWORK
FRAMEWORK	DECOLONIZATION	AFFULENCE
PROVISIONAL	TELECAST	OBJECTIVE

Themed Word Search Puzzles: Issue 19

Puzzle # 32

```
N S H C U W E Q I D S C A F Z S S S K K I I S P
K P U K Y C T N E M T N E S E R M L H M G Z V
B T P T I T E T O L N T S A O W Y S D P M S F
E C U D A M D T E R O T N E U L F F A S W U S
F G A Q A T S V T A I T N E M Y O L P M E N U
J Y N R Y U S D I C T Q P T N E M E L T T E S
X Y F A C W J C L B A N T N E M E R U S A E M
A E M Y R J J O A V C V T B X B T P Y P Y Q X
Y L A G T O S M I J I T W O U H F U D A I R Y
M B J O O K B P C Q F E V G R T Q B E W S K J
K A E L D F W A O U I C H O Z I E L M N T T Q
D S S O N K E R S Z T H N Q L P D I I O A K R
K I T T A S G A R V N E I L B N K S D I N N N
Y D Y N M U H T U W E H Y I Z B K H S S C C U
I N K O M V F E B U D E J K B I M H W S E A R
D T G R O Q M R I W I D V H B M I J L I R V O
B A Y E C Q S S F C S J P K G F L K L M X Q V
P R O G R E S S I V I S M S T E L U R F L E S
```

THRONE	AFFLUENT	DISABLE
IDENTIFICATION	PUBLISH	COMPARATERS
UNEMPLOYMENT	MEASUREMENT	STANCE
COMMANDO	PROGRESSIVISMS	SELF-RULE
STATUS	FRAME	GERONTOLOGY
SHIFT	CUSTOMS	RESENTMENT
MAJESTY	DAIRY	SOCIALITE
RANGE	SETTLEMENT	MISSION

Puzzle # 33

```
H D M H Z R H Z C O N S U L T O R Y A H V X S
F U K W C B L N O I S S E R P P U S O E Y Y D
T M X M S I O H C E K A S S E R T I O N X C Q
O S P J R C U B H J S G C K O R R A R Z B N O
A V P K M S I L A U D I V I D N I T Z O N A S
R G N I D I B A E F E J C I T I T O R S P D E
C B K T C H T I N A M Y R R E F O D R Q V N L
H V S S H B Y N S P B S O W V X E T Y B T U F
I D F Q R O R P E V C Z D F S R R L J I M D G
V Z A I T A A X I S L T N E U L F F A X A E O
E P F E J M N W C E D P L A T F O R M I A R V
D Z F R C S N W I D L B Z S S O B J C W D M E
R M L K A T Y P L H S E G M E T O E Z R T S R
N H U C J L Q M O H P P C W G T N H E D K I N
O D E M M W L B P C N B H T S T P O C O B X A
I Z N E H Y A Y F Q K X V X E I N K B J T R N
F K C T S O M E R O F N E R W D M E P H J A C
T R E B N H P R O S P E R T I T Y F K I Z M E
```

TYRANNY	SOW	ASSERTION
PLATFORM	ECHOISM	ELECTED
AFFLUENT	REDUNDANCY	SELF-GOVERNANCE
BORDER	CITITORS	AFFLUENCE
PROSPERTITY	MARXISM	CONSULTOR
ARCHIVED	INDIVIDUALISM	FOREMOST
SUPPRESSION	RALLY	ABIDING
CENTER	FERRYMAN	POLICIES

Puzzle # 34

```
V L N E Y V C Z G F E Y N A S S E R T I O N X
S R G S U X D N S E C R S D J S W X S T V I Q
E D D O B N B N O I I A S M S B X T I F Z L U
T M C P K A G P C M N N D D T S G R G G S C M
A U W O C I X J I S S O I D R Y E A P B K V E
T I A R P R S M A I T I V F A H R N U D E N S
S M G P E A N E L N I S I D N Y Y S O K U I S
P P E S T T O N I O T I S I S M L P P W V V A
V E S F A I I O Z I U V I X I K U A U R U H G
K A J K T R T H I S T R O P T R N R L S T K E
L C X D S O A P N N I B N T S O E E E W S D B
O H F C R H N A G A O P N Z T W H N N H H Z L
K F T O E T I S N P N T H P V H A C C N T T B
H A A R T U M U R X S Q F B H U X Y E R T V M
C E X S N A O O R E T N E M E G N A R T S E N
U Q I Z I W N S L H Y P E R I N F L A T I O N
S N O I T A T R O P M I Y C C U G R P G G P H
U E E T N E M T N E S E R L U Q B N U I F V Q
```

AUTHORITARIAN	HYPERINFLATION	IMPORTATION
STATES	WAGES	SOCIALIZING
NOMINATION	INTERSTATE	EXPANSIONISM
OPULENCE	TRANSITS	PROPOSE
MESSAGE	INSTITUTIONS	INHERIT
PORT	IMPEACH	VISIONARY
TRANSPARENCY	ESTRANGEMENT	RESENTMENT
DIVISION	SOUSAPHONE	ASSERTION

Puzzle # 35

```
B T N E C C A C O M K S S V E M D F S S P C L
B S U O E T H G I R C G G W P W P X P M R I I
D I S C U S S I O N W O S X I O R K I T O G E
R I V I T A L I Z E D L N T E R D C R W S O C
W M Q R B G C N Q L O C I S G K A D I P P F N
E O Z V M M C K Z G N A C S E E J H T Y E D A
J H S D G U H C U E H X D H K R Z L U P R O N
X Y H P R I G H T S B Z D P R S V G A W T D R
J M K S B G O W W U Y B U U O P I A L V I Z E
N O I T A T N E S E R P E R A U U S T B T F V
B E X I L E R I S S E M O C N I R D D I Y F O
Y Q E Q U I T Y K W A L L E G I A N C E V X G
B R X K T P I L O R S U Y W N U Y M J U U E F
R G T B J R L E Q J A W T T O S I F W T Q F L
P G R L P F B D X C I M O X K E T I L Y Q W E
R G Y O U Y S E R V I C E L N I H I L I T Y S
Z O V Y F O Q E R R B W O R E F Y T R E B I L
O A Q V H T P I V C M F S Z L C J P A V O W Z
```

REPRESENTATION	INCOMES	PROSPERTITY
EQUITY	ACCENT	EED
CONSERVATIVE	DISCUSSION	WORKERS
ALLEGIANCE	SCAN	SERVICE
EXILER	LIBERTY	POULTRY
AVOW	SPIRITUAL	REMARKING
RIGHTS	FOLKSY	NIHILITY
SELF-GOVERNANCE	RIVITALIZED	RIGHTEOUS

Puzzle # 36

```
B J G A H S E E T N A R A U G A K D T R M R W
V I D P C S E I R A S R E V D A X Y S Z A K N
P S I L A C I G O L O I C O S V N W I V M D G
B R A A M X T E L E V I S I O N E G L I Q K E
B W D I A L O G E F Q P J K I F K P A Y A Q D
R W R I G L E E O Q O L F P E V V R T D E Y E
E R R E N W O D N A L A S E S A C Q N J S Q Y
S G M T I O P W M L E N Y V L T J A E Q I R O
E G W U T D M W N M Q N O B U O G S M A R O L
R K R N S U G I S K G I K X U A M V A F A S P
V H E R E C M I Q J N N D L P M R F D F E S M
E L L C T W S N W T I G S O Z C O Z N L R E E
O C U Y O I T T K B D E R K Y F F I U E C S R
Y V R U R T B W G K I P P H I H E I F N Q S E
G K O C P R L V U H B F S J S F R I Y E B A D
O Z C C O N S E R V A T I S M A Y S C S A R N
D G O V E R N A N C E V O Y U P M L T S V U U
V G U R E L I G I O N N H R P B K I Q Y M O T
```

GOVERNANCE	CRISIS	UNDEREMPLOYED
AID	DIALOG	ASSESSOR
CONSERVATISM	ADVERSARIES	PROPAGANDA
TELEVISION	AFFLENESS	FUNDAMENTALIST
SOCIOLOGICAL	PLANNING	LANDOWNER
ABIDING	RULER	REARISE
REFORM	PROTESTING	GUARANTEE
RELIGION	RESERVE	CASES

Themed Word Search Puzzles: Issue 19

Puzzle # 37

```
J E I C H A R T S O H D E T C U D E D O A I Z
G I L C W H E M N D F H E J O S G C A Q I M W
C J A G H R C B T G N H G U M O B I E Y N A E
D L I J O M E P N P L L H D Y R V C D Y K W E
O E L S G Q Y B E S A Q S I S I R C X Y B C G
H I I L T A O C M R M P V C F J O R L X K U U
C O Y W S F R L E L M P Y I N E T W O R K N F
N E N A C T M G C V J M M A Y C A C O V D A E
R J S Y O V T W N R R A V R K L P M A P T N R
E R C Y N D L P U G C E P Y D Q E X P O R T C
N O I B T I Y N O E E R T T U N L Y J C E W N
U H T F I W Y L N I N T E R A C T I O N A A F
A C I I N I R Y N W K S H J O L A B O R L S C
U N L D U U B M A B P E I V U S F C G P P B H
T A O L U W T F E U C V I B A Q P W G I J G C
F G P H M A C P A T R I A R C H Y E S S U Q Q
F A C H I E F T A I N L X C T P Q D C Y K Q N
X S V T T S U B H E A D L I N E B W F T B N K
```

POLITICS	BUST	CHART
ENACT	HEADLINE	EROSION
CHIEFTAIN	INTERACTION	PLAN
PATRIARCHY	LIVESTREAM	CONTINUUM
EXPORT	LABOR	UPSET
REFUGEE	ANNOUNCEMENT	NETWORK
JUDICIARY	CRISIS	RETROSPECT
ADVOCACY	ANCHOR	DEDUCTED

Puzzle # 38

```
Y Z A I T G R S D Y P O W H D Y M X A G P F K
V M S I L A I R O T I R R E T Y R P F S I R W
B O R D E R C R O S S I N G P T O O C V S B X
B L D K W K M G H R I Y I V O I F T Q C Y E Y
M A E I B Z C N I A N D B I B L N S G I P A T
M C R A E O F F X N D K F S E I I I O U H T Z
U I I Q L S N P X Q U C U V Z B K L G S O K S
J H F D B F A D T J S X W U I A K A R F T L R
O C S H M P U O H T T O A J K T Q N A M O J E
R R L Y A R R F R G R U E C R N V O P O G Z G
N A A L E E W C O Z I I H J L U C I H V E F N
B R I K R A R D W J A I Y N T O R T I R N Z A
F E C P P C C P B A L J W L A C V A C A I H G
S I I X K T B I A C I X P D L C E N V D C B O
S H F J X I B G C W S T Y C N A D N U D E R V
X W F J G O R I K C M E R O L K L O F G K E E
F J O J K N L Y R A M I R P Y R E A L M W F R
Q A R O P S A I D T C V P R E C E D E N T T N
```

ACCOUNTABILITY	BOND	TERRITORIAL
OFFICIALS	INFORM	FIRED
ANGER	BORDERCROSSING	PRECEDENT
GRAPHIC	REDUNDANCY	INDUSTRIALISM
DIASPORA	PRIMARY	GOVERN
ASSET	NATIONALIST	THROWBACK
REALM	FOLKLORE	PHOTOGENIC
PREAMBLE	REACTION	HIERARCHICAL

Puzzle # 39

```
L G M Z Q N N B Z O D N M V A D B V Q T U J T
H Y M T Q G A L A V Q S C R B E E D X A F J M
S W F R F R W P L X I B O X R P T Z T C M N N
U S I J N B N D Y N B W T X A E A D V L J G E
I Q X Y B G G X O A V O Z H N N N S D Y Y I T
Y C A G E L Q I T E G D U B K D U K G N A A A
C R Q S E C T A R I A N I B T E T E A V N P D
D T F D N A Q F E D E R A L C N R F K G N M P
I U H N L N O W F X X V H S P C O Y J F Z A U
S O A O N E M I G R A T I O N E F B X F I C U
T T S E F N V Y R A N O I T A L F N I T F D S
R I N E W E L L E R S S P D B U F N H C A G A
U Q E E L D R K T M X C F A T U R W A G E S R
S Z Y R E V O C E R K P R O V I N C E S C E C
T B P W F Q Q W T U Z O T P A U P E R V S E C
F T U N D O C U M E N T E D D Z B B B S I C U J
U P L O U G H M A N I M P O R T F V S Q J J A
L O O X A Y E L T Y N U G X Q U S T B Y D Z Q
```

CAMPAIGN	PAUPER	EMIGRATION
RANK	LEGACY	BUDGET
WAGES	RESIST	PROVINCES
PLOUGHMAN	FORTUNATE	RECOVERY
NEWELLER	FEDERAL	BARNYARD
SECTARIAN	INFLATIONARY	IMPORT
BARON	DEPENDENCE	UNDOCUMENTED
ISOLATIONISM	UPDATE	DISTRUSTFUL

Puzzle # 40

```
N O I T A Z I L A R T N E C T S Y I M N K A H
F Q K A G M E L I T I S M S S T G K S O W V G
X I J A A R I S T O C R A T O N B S I I G L E
E P N T R E G T J J O V Q P P P Q O U M T Y X F
C O N O U T D R J J N W G R E F N F R A R G R
K C B Y E A V E C Q S D R I R Z D F O L C J K
U G I F C T I S P A E C H M E Z S R F F R A L
U F Q T N S M S O A R B A S I C E A E N F A O
R C U O A Y W F L O V R S T L Z O G R I I P B
J E P Z N R F K I I A H S U T I L E N R E I Y
L K G G I P C S C N T F E G U O T T O I P U E
Z A G V M Q A O Y L I Q T W O S D T D S C A N
Y V I F O J I M M D S L S W E P I E G N T Z W
N E Y C D A Q Q P E M E I V N R M U M T S B H
D H T N O E W T K X D X R X R O T S U I N E G
T B R D X S L Y C M I A F E B B V Z I Y Y E N
Y J M R U L I N G F H J T I I F Q T S S Q O T
R E T T I B M E E T A R P M E T N I L D I W G
```

STATE	ARISTOCRAT	REPOST
RULING	EMBITTER	STRESS
REFORMISM	TERRITORIAL	SOCIAL
INFLATION	OUTLIER	CONSERVATISM
GENIUS	CENTRALIZATION	ELITISMS
ASSET	DEMOCRATIC	HARVESTER
POLICY	SUFFRAGETTE	INTEMPRATE
DOMINANCE	BOND	SCAN

Puzzle # 41

```
D F Q Y E F A R M Y A R D O M D B N E G T B Y
Y S A K C U K P L U O D N E M A D O Z N T L T
P N A E O C K M B T O F I L Q D C I I I Y E K
T T S T N O N Q X E F H N A L E O S N K U R U
S Z P I T L U J V H R O A N H R D I I A K O T
X I B Q R L B G R P Z F C D E I W C T M I S B
W T U U A E E N Q O A R C O C V U E U W W I J
V N H E C C C I X R Y V U W N A L D R A L O V
D E S T T T N S S P T O M N C T U O C L A N U
Z L A T I I E I V E P W U E N I H F S P S M Y
E O O E O V D R Z T R T L R W V R Y O E H C V
Y V N F N E N P N G Z G A S M E I L F B R A K
Q E A V P X E U F A V O T H B S I F M X J I V
Y N B Z R E P K V M W E E I X T R B P O N B T
J E G W D J E S V V Q Q D P I D T B Q G L P D
K B A F M L D H S E R V I C I N G Q D U G N U
W Y F D K A N G S M I V A F B F M O F F E A U
S T V O L W I B X F N L W H T L M P Q O W X P
```

LAW	SCRUTINIZE	BENEVOLENT
PROPHET	DERIVATIVES	INACCUMULATED
APOLITICAL	ETIQUETTE	COLLECTIVE
SERVICING	AMEND	LAWMAKING
SHEEPFOLD	KINGDOM	CONTRACTION
RESOLVE	BILLS	FARMYARD
DECISION	UPRISING	INDEPENDENCE
LANDOWNERSHIP	STAKE	EROSION

Puzzle # 42

```
N T C E L E E F W G D S U G N O I S U L C N I
O Y Y U Z R I P A N E U Y C N I L M D F F S S
Q B B T U L P X E J G O I I O O A N O V A T M
C T F T N Z H S C T D V E N I S N W Y E L E L
B V L Q N K M H N A I E C E T E O D Q R L S S
M U C I A L R A A T R R N G A N I C L S O S I
C W O H Q G R Y L A B S A O C T T T R C C A X
I J U H V G X C A F O E N T I E A R A V A I K
N A S L I Q G H B F E E R O F N N C N Y T N Z
A J M M T Z D W M B B N E H I C R D G T I E W
S P M U E T O T I P U R V P T I E W E I O Q X
I I R O B A L A M L N O O E R N T P S L N U S
T O X Y T I R A P S I D G V E G N J Z I H A N
R W S E I C T P U R K N A B C T I G E B M L O
A Z K S I R V F O L L O W E R S G O S A B I M
P R K N F B M A R G I N A L I Z A T I O N T J
A I L O R L J K H R Z V T H G T A L S L L Y N
Q H A M N F B D K Q H Q H F L E P S C D R D H
```

GOVERNANCE	IMBALANCE	PHOTOGENIC
INTERNATIONAL	CULTURE	BRIDGED
ASSETS	FOLLOWERS	SENTENCING
INEQUALITY	OVERSEEN	MARGINALIZATION
IMMIGRANT	LABOR	DISPARITY
RISK	RANGE	INCLUSION
ALLOCATION	BANKRUPTCIES	PARTISAN
CERTIFICATION	ABILITY	ELECT

Themed Word Search Puzzles: Issue 19

Puzzle # 43

```
S Y E T G R E P R E S E N T A T I V E S C Y K
B N C P X M E M B I T T E R R D N E X E O J D
H J N Y T I L I B A T N U O C C A N C A N B I
V W U Z M O N A R C H Y D J I V N A I O T U Y
P R O S E C U T I O N D T I M E D I U M R I C
R S N U N H Q L U S X U O V R S Y E V T O F P
O F E O G P R E C H F P D E F E I G K Z L G W
K F R N A E L E L I O H S E C D C T S A L T N
A N A R C H I S M F F C P T O L D T A D E J F
L V Q S N D W R I T L N R S R P J U I M D J V
A N N O U N C E M E N T I U B K M A P N G C X
D R O T A V I T L U C L M R X T F I W S G O L
H C E V T Q N T A D V L A T U U R G M C X V D
I E E D U C A T I O N P R B T I L X E I X N G
R E P U B L I C A N U Y Y Z C Z X F E K N U Q
E V F R A M E W O R K C B A G Q P I N Q Q J V
J N N V F J H Q L S A M L O B J E C T I O N F
P E A S A N T E W M W C C P D F C U S T O M S
```

ANARCHISM	REPUBLICAN	MEDIUM
FRAMEWORK	OBJECTION	SHIFT
ANNOUNCEMENT	PEASANT	ACCOUNTABILITY
DOGMATISM	CONTROLLED	PROSECUTION
CULTIVATOR	EDUCATION	EMPIRICAL
INFLUX	PRIMARY	TRUSTEE
MONARCHY	CUSTOMS	RENOUNCE
REPRESENTATIVES	EMBITTER	DIRECTING

Puzzle # 44

```
E J N A H M H F O L K L O R E P A G X W E T Z
O M L C E Y S U S P I C I O N B F E E L Z N V
P V C U R D M O O U S E L J E H E X Z A I E L
R E M R O F E R M C R Q G E P J A T E B N M J
C Z A S N Y F K N M E O S G G J B H K C O W H
U I T D F D T Z S Y G P M E K A C S J N G O L
T E T Q Q I Z X N M U O X I T T L O Z F A D H
T Y K A X G D A V P L G T S H A N D L E T N U
Z P X C T N K T V R A T E E W T E R I W N E Q
N C R I T I Q U E O T G L B Q L T Q T P A W F
Z J Q H D D O J T V I M S I N O I S N A P X E
Z Q I X X N X N W I O J S J S T R A I N P K D
B L W Y L E Y V C S N M Q W G K G J N U Q Z P
Z B C J G R H Q I I O U C K A B I Y T S G I P
L V U C L T E I H O G G I J Y Y R O J B S K Z
K C Y C R E S P O N S I B L E P O P U L I S M
Q Q V Q G I J G E A B U N L A U T I B A H T R
E U H R U W A W J L B I C A M E R A L Y U F T
```

REGULATION	ENDOWMENT	RETWEET
LEGAL	REFORMER	RESPONSIBLE
BESIEGE	STRAIN	BICAMERAL
HABITUAL	SUSPICION	ANTAGONIZE
CRITIQUE	TAX	FOLKLORE
HANDLE	POPULISM	HERO
EXPANSIONISM	PIGSTY	TRENDING
PROVISIONAL	SWAY	CITATION

Puzzle # 45

```
J A B Y I X S M U H J R E B X W C E W W A N P
N A M E L B O N J O S N P S S H C B U G W O W
B T E S S A P A G D L A C M Q B F K O N B I L
P Q X A Y R N C U I P J L V K J G A V I E T V
E L B M U R G Q G S N N H K V Z I W E H S A V
T B U J J O D H D D C B K E C C D C R I I T T
R T C M F S T R E A M I N G A A E V S L E N T
E V L V K E T R U S T N W Y T L B Q E I G O P
P D C P N R E T T I B M E S S K T A E T E R G
I R H M P I H S R E N W O D N A L H N Y G F E
D Q E S N P U T M U D N E R E F E R C T N N D
A N S A I Y Y N Y P I H S N A S I T R A P O D
T Q H F J K V T Y A E L B I S N O P S E R C M
I A A R L Z E M O M R S L A I C I F F O V E C
O X E T A I R T A P X E C I M O N O C E X C E
N A C M C H S I V A L L A F F L U E N T I A L
C H U O U X X P K B X U V U M C T S C C D F L
V H S D K F T F A I H J M Y F G G U O J B M P
```

REFERENDUM	BESIEGE	AFFLUENTIAL
ECONOMIC	BACKLASH	RESPONSIBLE
GRUMBLE	ASSET	LANDOWNERSHIP
CONFRONTATION	TREPIDATION	NOBLEMAN
PARTISANSHIP	SOCIETY	LAVISH
TRUST	ENLIGHTENMENT	STREAMING
HEALTHCARE	EMBITTER	NIHILITY
OFFICIALS	EXPATRIATE	OVERSEEN

Puzzle # 46

```
W A I L U I L Y A G N I K R A M E R I F Q T M
N R J U D I C I A R Y M R W F B O M M H N O X
N M I O U D Z G K D D I G N I T Y C U E Z W P
K H A G H S R E V I V A L O S S S P T I H W L
N W L A K O N A I R A T R E B I L N A N X A W
V Z P M S I R A L U C E S M O B O R G D C C N
A E T U L O S B A J X W I M E C F L B I D G E
U F W A R Q U O R U M P O U L T R Y R V E G D
H O F F Z E P P C W C R B P U V M I F I F Q I
M Q B I G X U Z Q O Z O W F C Z P Q R D A A C
D P U D R S H U C A C T Y H A M U H W U U J T
J Y A V H M P S E V C N S P E T P J U A L M A
D B F B K A A M E C N E I T A P M I F L T A T
F K A O M N C T Q Z W M G C N V E D B Z S W O
I C M C R B N R I R E V O L U T I O N I Z E R
K I F F O Y A L M O D U J H K D J T L B G Q I
I N T E R N A T I O N A L S M T T M N W Y H A
A E S G N I N E E R C S L D E S Y N J A U E L
```

JUDICIARY	EMPIRICAL	CONTENT
QUORUM	MENTOR	AFFIRMATION
SECULARISM	REMARKING	INDIVIDUAL
BADGE	LOSS	LIBERTARIAN
REVIVAL	DICTATORIAL	POULTRY
DEFAULTS	DIGNITY	PUSHBACK
ABSOLUTE	IMPATIENCE	LAYOFF
INTERNATIONAL	SCREENINGS	REVOLUTIONIZER

Puzzle # 47

```
N P M E M Z R J M L R P Z T G L P A J X C P A
O U J E D P Y D G K L F R C A L A L C O A Y O
I H M V M Y G E T A R T S E M W I I I T F T R X
T O T R E N D I N G S P P U S A A I C R V L I
C P N W L Y U N S E T T L E B T L F A I P Y I
A C O L L A B O R A T I O N U L I P N Z D U Q
R I C E I X H U K H G R R W I P E G I A L U Q
E S N C H A M B E R R R R Z O T L P N E Q K O J
T T L T R T H J E D L B N T G R R O U Y R W S
N A R Y E D N T E G P A T N H O O I M F P H E
I G Y X D R S V I N A T I O N T T T S V B X N
M F U U L I F Q B D X S C C D C E A I Q A Y A
B L R Q N E T E S O D U E R A A S C V M I A T
R A G I G B L I R M Z F N E K R T O I Y L B O
F T M B X M M M B E I M T M C T I L T D O Y R
Q I V E R D I C T U N D E I K H F L C B U K L
D O N F P P U L D L O C R N D P L A A C T V G
B N R S D N O Y D C V O E D I O X F X Q T Y K
```

NATION	VERDICT	COLLABORATION
SINGLE-PARTY	STAGFLATION	TRENDING
CHAMBER	RACIAL	ALLOCATION
BAILOUT	REMIND	PRESTIGE
COTILLION	STRATEGY	CENTER
INTERFERENCE	MINISTER	TRACTOR
ACTIVISM	SENATOR	INTERACTION
JUDICIAL	PROTEST	UNSETTLE

Themed Word Search Puzzles: Issue 19

Puzzle # 48

```
H T O T A L I T A R I A N I S M L X W H X I R
U A I F L A C I G O L O I C O S R I I E Y G O
J E H Y O O C M D U F D P N I F Z R O D H K Y
E G U K G N O I T A L F N I R E P Y H M C E X
D A C T P W O Z J R D A R O J U K W F L R C C
T T T D L L U J N I F O X F C T Y A T R A U K
Z R S E B I D E S F E Q F W R R Q X T O R T T
T O A A R I X T I M L K U T C I V I C S E I K
C P T C I N I R U C E E S E P X D E F Y I P I
B E S L I N M G N S T X L T E Q A O H U H C S
Q R V L C A J M S J R C I Q N N I I Y S Q H C
A B E T T B L G E U I B C H V A D D N A U O V
W S S I M S I D T L C X E G R L E M S S G V Z
V S O T S P L U T T P N A Z A L M U U G Y I H
B N N O I S U L L I S I D R M N U K P R N I I
A Z C M D G K X E N O I T A Z I L A R U T A N
P Z U G I K X F G S E I C T P U R K N A B Q S
D I V I D E E C C L E S I A S T I C A L M T X
```

TOTALITARIANISM	TURMOIL	SOCIOLOGICAL
HIERARCHY	REPORTAGE	SLICE
DEFY	DIVIDE	ECCLESIASTICAL
NATURALIZATION	AFFIRMATION	BANKRUPTCIES
EXNILE	QUEEN	RACIAL
UNSETTLE	HYPERINFLATION	TABLOID
CIVIC	DISTINCT	DISMISS
DISILLUSION	MEDIA	ELETRIC

Puzzle # 49

```
I C N X D F G X F V D G G R E Z A Y Y R R N V
N A E C I T S U J L A I C O S T I H L E E C W
S E I R A V W P D L E J X T Z N S U V F T N Z
P W I D E O L O G I C S D A K X G I O Y O E C
I R A T D M E Q S B E A A T S R E L U R V O M
R D L Y K P O W O U P U N N H I K Z N T M L A
E R Z Y A B Q N D E B T E E W S Z H N M Y R S
R L A U T U M C Y W V G M M Y R H S O C C O T
O H O S T S O O S I M N T M E Q J N C L N E R
R X G A M E A M U P C I M O B U A F E T E W E
L H G X Y S S P O O V T Q C R L V R R X R M A
D A R L G S W A R L E E A V I L V Q E Q A L M
V I T L P I V R E I L G Q T H I U R M A P F I
V G X I O O V A P T I D Y T M W F J O N S J N
J Q F E P N U T S O N U K I R B R Q N M N C G
K J A W E A J I O O X B O R L A Q G I K A Q C
H P I U K B C V R N E I Y C Y P D L A N R Y M
P J P J E N F E P U Q R W V V X S E L K T V O
```

TRANSPARENCY	COMMONALITY	COMMENTATOR
SESSION	CEREMONY	COMPARATIVE
POLITOON	HOST	RULERS
FOLKSY	BUDGETING	SOCIALJUSTICE
SWAY	CAPITAL	PROSPEROUS
STREAMING	TRADE	INSPIRER
MUTUAL	DEBT	EXNILE
VOTER	CEREMONIAL	IDEOLOGICS

Puzzle # 50

```
R C S T X F K U L G B H S W P A E S F V H R B
L P C V S N C O E N I V O B G P R R M A K O U
X V V U W O M J Y K B Y S I Y O Z E A F Q C K
S Y T I L I B A I L E R T C C L A T S F W A U
Q D P A R T I C I P A T E H D I K A W U L N N
V A T L Y C T V H D B N D C A T L R J E L E O
B R F W Y U S Y Z W A U T U I I O A X V S T W
S E R U T D O C C Q C F V C R C Y P Z L E E S
D T A P I O M O K Q A E O T Y A A M X T M R Q
C W N C R R E O L M W A U Q M L L O B P G Y O
C E C D E P R P P I Z R D S W A T C I X O B P
P E H R T V O E J L N N I J K T Y R P R E S S
E T I X S D F R E O C I V Q R E I R E P U A P
Q E S G U O I A U B S N I N Q C P A M V H A R
W W E C A O N T N U Q G D M A F D T H B B K T
P R O T E S T I N G Y S E L B Z R J I R U U I
F Z W C A V X O Q C S N A H B N D E W C C O T
J F U Q L G C N L W Q R A B N X O Q L T V P P
```

WELFARE	EMPIRICAL	FOREMOST
PARTICIPATE	BOVINE	RELIABILITY
APOLITICAL	EARNINGS	TURNOUT
PAUPER	LOYALTY	RESULTS
DIVIDE	COOPERATION	PROTESTING
SKEPTIC	PRESS	RETWEET
PRODUCTION	AUSTERITY	CUT
FRANCHISE	DAIRY	COMPARATERS

Puzzle # 51

```
B O O A D W N W N N D B Z T A N F G Q U T L U
L B M Y R E T S E V R A H N T O N E Y M D S C
S D U E F B L C V F S Y Z E C T O Y E W E A O
W J K B L O G S I E T V Y M R O I G A C L E U
P N C C J R O T T N I J U Y E R T R R K P L X
G F T W Z E F L A O B R N O F I A E O N I U I
N X N Q L Y F U R H A H P L O T R L P B C X D
I P E Z A Z P A A P H S B P R A E C S Z I J T
C N M J N P I F P A T L A M M T N P A C R J A
R J E G O P E E M S H P R E I I U O I Q P A G
U P C L I D E D O U E J O N S V M S D Z K H X
O G N V G Y T G C O H G N U M E E T E O W M Y
S Z U E E E S A E S F V S W H G R V O H O W A
T I O Y R J U D N E C N I R P F O L D T K H L
U M N P D C R T C B T I P M W F T L I G I I C
O T N M P K T E N I V I D U Q U H O Y D Q Q K
V T A W P R P R T O D U N O O L N V C D R H W
F L E N I N I S M B R V V C V N V V Y K C Y T
```

PRINCE	UNEMPLOYMENT	DIASPORA
CLERGY	SOUSAPHONE	COMPARATIVE
REFORMISM	OUTSOURCING	DIVINE
HARVESTER	DEFAULTS	OUTLOOK
MOTION	REGIONAL	TRUSTEE
NOTORITATIVE	ANNOUNCEMENT	BLOG
LENINISM	REMUNERATION	POST
BARONS	HABITS	PRICIPLED

Puzzle # 52

```
S Z P T Q R P O P R B V I V E U M J T U E U C
A T P T E L B A T U P E R E L E C T N D X T E
K K Q R C C N X Q F Q N B P D N T G E M S S Q
R R E N O M M O C A M A I R T T Z P M Y E V E
E W N S C H I S M X A T S E V R K H E Q L F R
B S B G O S O O G B W A I A H A L H R S F D S
M J C X R M E R T T S X S M Q N N W U C R E B
A P R O C L A M A T I O N B U T O Z S O U F T
H R E L O C A T I N G Y I L U E I T A O L I C
C V V P B L C S Y O H A G E X P T U E Y E C W
C O N F L I C T Q K C O T S E V I L M O K I A
X G M M N O I T A T I C S Y U B S I S Y X E C
V Y E R M P Y H C R A R E I H Y O Y O T U N T
Q I M P E R I A L I S T S E D J P X O E D T B
V L O G G I N G E K I R T S Y O D P S D Y X G
P B I V T W U F Y T I S O M I N A R E A L M D
Y M B I N R T B U Q R K D T T A X J A B U M Z
B H D T K V K H O S K G E X O D U S R Z P B M
```

CONFLICT	IMPERIALISTS	SCHISM
CHAMBER	EXODUS	ELECT
SELF-RULE	ANIMOSITY	HIERARCHY
LIVESTOCK	REPUTABLE	POSITION
VLOGGING	TAX	COMMONER
DEFICIENT	PROCLAMATION	RELOCATING
REALM	STRIKE	MEASUREMENT
PREAMBLE	ENTRANT	CITATION

Puzzle # 53

```
W Q I H I N T E R F E R E N C E G O V E R N F
O W M D I Y H O V R E T S E R O F H W M T D J
U M M E A C U Y B J Y Y I G J J I C R R S M C
T A H E I A S O H F D D C S V G L E R L W I S
L A O S U R B G V C P B U A H E S Z O S N N U
I N K Z X C A C U E R T V L R P M U O F D F P
E A Y F I O N U E I P A I R O C N M O G V O P
R U H B R E D S X B D G I N T Q O R A R L T R
E S U S G H M Y P K H E S R F Z M T R P E R E
V T T L K T A U Y T A I A B T A D D I J A V S
D E E B B C N O S V B M E G T A M E Z R D L S
I R N S E X C A V I X R K I V H M N H U E P I
Z I U Q P D A L L X D W O S U P R E M E R M O
N T T V N N O I T A T N E M E L P M I E S E N
L Y R K J G T K I M S I L A T I P A C Q H I D
Z D O I L I D S N O I T A L U G E R S G I V B
L B F X E G N I K C I F F A R T E Q X E P O O
F V K S G S E T T L E M E N T N R T G Z M A C
```

LEADERSHIP	AUSTERITY	INFORMATION
SUPPRESSION	SEED	INTERFERENCE
MERITOCRACY	SUPREME	MATRIARCHY
FORESTER	TRAFFICKING	CAPITALISM
GUIDE	THEOCRACY	FORTUNE
SETTLEMENT	RESPONSIBILITIES	GOVERN
IMPLEMENTATION	DEBT	HIGHLIGHT
REGULATIONS	HUSBANDMAN	OUTLIER

Puzzle # 54

```
Y E H V Q L S Z M S I L A C O L T K Q R U B N
D H G U L C W U K M T S P R S X T T V Z N C O
N X P I Z L M P U U F S M M N M Z F B X F H I
O D T V C Y W R O T A T N E M M O C A G V I S
I R X W V N G R U X U S A N C O V E R A G E I
T Q H D Z Q H Y T B G S D O D G Y O S Y H F V
A T J I E T G L L Y A E P H L I Z D H T W T E
T R Y S H U B O O R K C A P G Y D C L O B A L
N S S M X C N P O A A N X A C E X A B D C I E
E Y R I T O O O K D K I F S T N E S S I D N T
S Y A S N M I N Z N E R O U F W G N I T S O P
E V M S W P S O E U R P R O U R F E B F F I W
R N I A B R S M A O C Y P S O U F V D J Q U Q
P B A L D O I P O B W D N T C N A Y N I P G H
E X A S S M M M L N R Q A Y M W G Z K L V P Q
R N O I T I S O P N N R B V I C E R O Y Q I U
C M Q I E S J L A R O T C E L E L A U B B P D
S I W F D E X A N X I E T Y E C D J J E C S Q
```

REPRESENTATION	LOCALISM	UPLOAD
WEALTH	TELEVISION	ANXIETY
MONOPOLY	DISSENT	PRINCESS
VICEROY	DISMISSALS	CHIEFTAIN
BOUNDARY	ELECTORAL	ORATOR
DIVIDE	POSITION	COVERAGE
COMPROMISE	SOUSAPHONE	POSTING
OUTLOOK	COMMENTATOR	MISSION

Puzzle # 55

```
D C M D X N K B E L I E F M G P M V O C D S G
E G A A W X L H N R O K N P I A Z H L Y T C J
Y S F E A H Z W O Q C C V B Q B T U Y I X I C
R N F H G R K C M N B K X C N I B H B W E T D
E K U E R U T L U C I T R O H F X A S H Z I J
Z U L R R I A H C E L V N T M U H K B A E L X
I S E U S O M I L I T A R I S M Q O T X H O M
N Q N G O P T U E E L B I S N O P S E R P P M
O X C I Y H C U D J S D I S T R U S T A A V O
I X E F W F Q B Q N O I T A X A T A H Y R C R
T M D D E L F I P U N E M P L O Y M E N T U R
U D K M T I F C T O E N R I C H M E N T I R B
L B I H E O L A R C A J J U W I Z Y S P C O N
O U W L D P Q M A A A I P B W L B E Q R I Z O
V S D S A J R E Z L U P U J P G V T L U P X F
E H I L B L H R G F L E F T I S T V Q D A Y I
R E Q F R A J A L E G I S L A T I N G Z T O F
V L W R V W Q L L I N E Q U A L I T Y B E U I
```

POLITICS	INEQUALITY	HASHTAG
BELIEF	BUSHEL	REVOLUTIONIZER
UNEMPLOYMENT	PACT	MILITARISM
HORTICULTURE	RESPONSIBLE	LEFTIST
FIGUREHEAD	DUCHY	FIELD
DISTRUST	PARTICIPATE	CHAIR
TAXATION	ENRICHMENT	AFFULENCE
BICAMERAL	HABITS	LEGISLATING

Puzzle # 56

```
L Q D Y H G X C K E Y R A I C I D U J U P E W
J I V L T J P U J L N F S K M T F P R U R D B
I P R I N C I P A L S F H E R X K C G P O U A
Z H A N E J Z K X C L Z R Y Z K L O V M G R N
T I F R Z U A V B Q N H B A L E S C W L R P R
K E I Y T J G R Y C A R C O N H C E T G E R F
T R S S S Y B O O J T N E M H C I R N E S O S
X A C T D B Y L G S T W V A E L H T L C S S W
Q R A I N C L I N A T I O N H H W I C Z I P T
D C L T N A N E T W M E C T L V I Z S G O E I
T H R S S I G N I F Y E R I X I Q O X E N R K
G I G E J A P Q G N Q U D M C S X C K U R T M
P C X Z C A E V Z L W O S E K U T V V O K I Y
F A Y H P O S O L I H P A L A A K N C C J T C
W L J M R F U B H T I A F I D L X N O Z F Y H
D I V I S I O N T O X F L N H S Y T I D A Y W
T U Z N Z W K U T Z N N X E D V S J I H F V K
V L N O B Z A A P T O R U L E R S Y I E T A P
```

JUDICIARY	FISCAL	TIMELINE
RULERS	DEMAGOGUE	INCLINATION
ROSTER	THINK	FAITH
TENANT	PROGRESSION	RECOUNT
SIGNIFY	DIVISION	STOCK
HIERARCHICAL	PHILOSOPHY	VISUALS
TECHNOCRACY	ENRICHMENT	PROSPERTITY
PARTY	PRINCIPAL	ENFRANCHISER

Puzzle # 57

```
P S Y O M R O T A R O R E S O L U T I O N R P
C I C V Z E L K R E D K C A D N G T Y A X I D
A K H R Q H W M O A V U D C X I F N O W E M A
L V D S E X R D I D U T I Y B H R E X R N P G
I Q N I F E I E V S U A O D S I X M E K O R V
J A O T K I N E S R U G P J M L Z A W I P O W
C M I I I E C I N O I R D B D I C T P Z H G E
O W T N N W L O N T U A H A S T E S X X O R S
N H A V G X U T C G T R I V I Y P E N I B E R
S E L I M T S E Y K S I C O Z U S T R J E S L
T A S E A B I P I K Q A N E N D O X A U W S E
I L I W K P O C D L C N K L S A I M L P G I H
T T G P E A N Y M T M H B U M C I V I L V O D
U H E O R P M S I L A D U E F J L F E E G N R
T C L I T Y G O L O T A M O N O M N N O V G O
I A R N H G J C P Z B C Q P Q V K M A V J D G
O R A T W P I H S R E N W O D N A L T T Z F V
N E D I S C O N C O R D A N C E B U E W U U L
```

CONSTITUTION	TURNOUT	SIT-IN
INCLUSION	LEGISLATION	RESOLUTION
ALIENATE	REACTION	HEALTHCARE
CIVIL	AGRARIAN	DISCONCORDANCE
FEUDALISM	VIEWPOINT	ONOMATOLOGY
TESTAMENT	RESOURCES	XENOPHOBE
ORATOR	NIHILITY	LANDOWNERSHIP
KINGMAKER	SCREENINGS	PROGRESSION

Puzzle # 58

```
I E K F R J S W A M B R S R D E E A E D Z F Q
A G O S U T A T S Y A N C J T F A N L J U N G
H A T Z D E D M U C E N F A R M E R E K B E N
C T L A P I C N I R P H C U I W G R T V Q M G
G R B E L A R G E S S I N G J X H Q R X X H L
E O S S E R G O R P C W A M N O O U I V T W A
A P R I P R X F G O A E D K O B U B C A D M N
S E W F S Y E U L Q U D E C H D S F P X K B D
G R T C K M U L A V Z E R R I P E P D Y C E O
M S I N O G A T N A W W I L N T I R W G A N W
K I R C J P B N I A X B V J Y N P W N S C A N
E H N M S Z O U R F T L A I G G Q E G I I C E
N I B E O I E R A Q O Z T R T J E Q K L S T R
Z W A O T T A P Z K A M I T L C Z T K S C M S
E D X A O N D Z C E F Z V S W U M S A M Y J H
Q N N N T M W N D T M D E A I D N W K R O T I
N K V E U P J M F A E E S Y D S N O J U T P P
M O D O B K L O N O M A T O L O G Y Z Z W S B
```

NATION	BOOM	LARGESSING
ENACT	ONOMATOLOGY	SCAN
COLLAPSE	TAPPING	HOUSE
FARMER	WARRANTED	CZARINA
ANTAGONISM	LANDOWNERSHIP	INCOME
SKEPTIC	MODERNISM	REPORTAGE
STRATEGY	DERIVATIVES	STATUS
PROGRESS	PRINCIPAL	ELETRIC

```
R L V L F S E C C P A D B Y B Q N Y E S P Y N
E A S I S M O T S U C O C U P D C V L M C R F
D Z R J L I P K Q E U A O I S S K N E U L A M
R U E T M K X B C N R U Y Z Q B M H C G T N Q
O L T D N F S Q D C H T L S L M Z Q T G X O U
B U A Q V J C A O J C I C J S R I X O L H I E
R F R K Q T R N O E R G P O E I B P R I X T D
H T A I S Y H V L M M I T Z M L G K A N C U U
T S P L N C W E D J R V S J X M B N L G L L C
S U M H E C S L E H L I Z W U Y U M I W U O A
U R O T S L O B V F T N F Q H W Z N A F P V T
B T C S L X V M V U G G Y F V H I E I E Y E I
U S D A P R O T E C T I O N A S Z H V S R R O
Q I C N U C Q J K B Y Q H C C A L R T H M P N
M D P F H C R A G I L O Q N A B M J X B B A N
I L D E C I S I O N G L U P H L K T H Q Q T F
I S T H G I R L I V I C M E N T O R B I B L E
S C J L N R Q Z Z U B D A N L A W O V A Z W P
```

COMMUNISM	CUSTOMS	BORDER
PROTECTION	INCOME	COMPARATERS
REVOLUTIONARY	SIGNIFY	TECHNOCRACY
BUST	AVOWAL	PREAMBLE
SMUGGLING	DECISION	OLIGARCH
AFFIRM	BIBLE	BOUNDARY
EDUCATION	CIVILRIGHTS	DISTRUSTFUL
ELECTORAL	MENTOR	CALLSELECT

Puzzle # 60

```
F R D H N Z A U K V N E R S R D M I H Y D K R
M D B O X L G X N V O Y P S E V U M N N N L O
O Z V P K O R T Z B I T D Q G S L Z N T M M N
F W A L L C E N Y Q T D D A U S T E R I T Y O
G K A D V A E A E U P D I F L T I A E Q V V I
J P L W N L M T G X U T B M A E M D T T X W T
N K W F O I E L D I R H O W T H E J I I I D U
Y A R T I S N U E Q S W T O I P D Z C A S E T
R K M X T M T S L B I I B W O O I B I R C M I
M A R E A D H N P K D Y Y A N R A Y T P T L T
N S L B L L M O E D D F T P U P W S I T L H R
H Y I I F B N C S L L I B T F A R D C A I Q U
F M V T G J O I R D I S A F F E C T I O N Y S
S Q J H A N S N O U T P O U R E I M S O D X S
W Y N X T M M G P R M Q U N I F O R M I T Y S
Z C S D S W G E W Y R U V L G A Y K P Z O D U
T U Q H L S S O N O O U R F H A Q G O P H M N
P R E S S W I C D T P R O V I S I O N A R Y H
```

REGULATION	PROPHET	DRAFT
ALIGNMENT	STATISM	AUSTERITY
DISRUPTION	DISAFFECTION	CONSULTANT
AGREEMENT	WALL	PLEDGE
UNIFORMITY	BILLS	PRESS
NOBLEMAN	DOGMATISM	STAGFLATION
OUTPOUR	LOCALISM	MULTIMEDIA
PROVISIONARY	SURTITUTION	CITICISM

Puzzle # 61

```
R I R H X O P X A A L D B M E P B V E E Y J W
T J N D L A Y O F F S U E R L L R P B E X V T
R Q C C A K Z U T T Z P J H M L I I L C N D Z
Q Z Y H L D C J R X M O Y G G H Y F N T M G K
T E A P A U P E R U Y O C T S U R U N C R A G
Z C B J O B S X F T T E N J Z A X A C E T I
F O S B I S D I N C A C A T Z A N I I I B H C
E M E W E N J E V N N S P R E C O V E R Y S S
N P N R N E I K A E I F I A A S I B U G U A V
G A T G X C S R R T L Q K Y G Z T B F S W H C
A S E W I O C R R V Q I I K V B C Q D U B S H
G S E F Y H U A I N D U S T R I A L S O C O F
E E E W I C P A L I G N M E N T E Z M B S E U
M D K S N I N T E M P R A T E N R D E N M X D
E D T O F O L E F T A U T H O R I T I E S E Y
N M C L L W N B I C O R R E S P O N D E N T W
T N E M E G N A R T S E I F Z A M D D Q G X C
U S W O D A E M C X D O Z H X L P I E P D T K
```

PRINCE	INCLUSIVE	INTEMPRATE
ABSENTEE	PAUPER	DEFICIENT
ANARCHIST	PARTISANSHIP	ENGAGEMENT
ESTRANGEMENT	STRESS	REACTIONARY
HASHTAG	CANON	INDUSTRIALS
AUTHORITIES	ALIGNMENT	CORRESPONDENT
CONCURRENCE	RECOVERY	LAYOFF
LEFT	MEADOWS	COMPASSED

Puzzle # 62

```
C G E V A V L J G D N G Y V Q N L G G Q D L P
N A T I O N A L I S M R F S X Y T I L I B O M
I A O B U D H I E M A K Q P M Z Y U A A X J N
D N A M E L B O N N N T E N I B A C L O H Q N
P D Q A N A M Y I A R C U X H L Z G T X A Q D
D U R U R F R M I O A I J J E M G R E K R G N
M D R E Z J U R D U C Q U E B M O E R X B C P
N S L D W L A W T V N O I T A Z I T A V I R P
M L I I Y T R I D O N I O Q X F M R T C T O E
G S M S C D O F I R M E D P U Q A A I Z E T N
S M T E S U E E A L C O N T E N T H O G R C R
N U S I S A R A C O K R R F V R B C N R A A I
A C H N B V L K P R E M U N E R A T I O N R C
O J E K A A J C A H J L A Y O F F T F V W T H
L S Z H E X H R O L E M O D E L G X I U V H M
S N I U C O N S E R V A T I V E U L A O Q C E
C Q Y S Q U C O R P O R A T I S M P R A N G N
K Q T T J P V R Y R D L C I L N W G O Q O J T
```

COOPERATION	ALTERATION	HABITS
NOBLEMAN	CABINET	LAYOFF
LUMINARY	REMUNERATION	PRIVATIZATION
NATIONALISM	CONTENT	ROLE-MODEL
LOANS	CONSERVATIVE	CAUTIOUSNESS
MOBILITY	TRACTOR	CLASSISM
CORPORATISM	SECTARIAN	ARBITER
ENRICHMENT	CHARTER	FIRMED

```
O Y Y O V U U M Q R R G S P H Q V Z O G T Y S
T T K V F U S X W D Y E X W S E D M R N S A G
N I G C O P B S N K D W M Y E E I O C V E V Y
E U N Y R K O I Y B K I G I V N Q R T G V R Y
M Q I R W P P P X O I E S E S P B Q S P R W Z
T E T Q X Z U X L O N J L A V C E U T R A Z C
S B S I Z O L Y A T G O C I F P I U A Q H J I
E X E C R A E R U H P Y T Y B F F N K G B Z B
V N T G I B N U G M X B X X J W I R E X C G M
N V O Y N Q T S E L A N O I T A N R E T N I U
I Y R F R L C N F M I G R A N T S V M C Y Y Z
O Z P N A J T S E S A C L G A F R V C E A R S
E P K H N J Y C A R C U A E R U B I S J N V C
T T N I R P S W E N O V W E C C H X T Y N T G
H C O M P A R A T E R S Y L V P C J R P H K P
I N O I L L E B E R K K A N D L V K P Q W Q R
C X N P K W C K X J C S D L Q O R L Z Q D C L
S N L K J A Q M M E H H R Q G X B M Z V M W M
```

BUREAUCRACY	REBELLION	MIGRANT
EQUITY	OPULENT	COMPARATERS
ETHICS	REMISCINE	HEIR
STAKE	DISAFFIRMENT	INTERNATIONAL
NEWSPRINT	KING	PROTESTING
INVESTMENT	BOOTH	NEWS
DEVELOPMENT	CZAR	CLASH
GROUP	HARVEST	CASES

Puzzle # 64

```
N G I H C N W D Z M P Z S N G J C E A V L E Y
O K E U L U J Q R F E D E R A L P Y Z V R Q F
I Y H D D H N O R E F L E C T I O N U I I N G
S P I Z D A T E O E Y H Z Z A Y O B A B N P N
I V H D N S L F N A X P E B M I H F I C I R I
V Z A E T B R O Y A L T T I T E Z R P W N O D
E P W E M M E A M F E A R A Q E N J C A C V R
L S E A R Q L B A V Q H N E S W F T M P O I A
E W E I Z J A S O V N I Z S M D X E O V R S O
T R S L Y H T O F R M C I J J I N E M R P I B
P L A I R U I L D O W A U J O D S O J L O O D
A L W K S T O U N Z L D U R M J O M P J R N L
P V R R S J N T O U T L I E R B V D G X A A O
R T O A I P S E L Y E L N T M E V G P O T R G
O M S G P V W R T V C T M E Z T N F E C E Y T
C V R L J S V F E P D Z K C D U I C L A D I W
X X G T N E M E C N U O N N A M M Y E U E R N
H S N M N O I T C U D O R P A S S U R A N C E
```

ROYAL	LAISSEZ-FAIRE	TWEETSTORM
AMENDMENT	TELEVISION	ASSURANCE
ANNOUNCEMENT	CURRENCE	FEDERAL
MENTOR	OUTLIER	NOMINATION
REFLECTION	PRODUCTION	BOOM
FEAR	PREAMBLE	PROVISIONARY
ABSOLUTE	EXTREMISM	GOLDBOARDING
RELATIONS	NEWS	INCORPORATED

Puzzle # 65

```
T O X A I N S T Q R R B Q W E R K A E Y K Y U
D D T W E C Y L Y E X T I V B A N B V T H T V
X N P K A X I V S C M N I P G G V Q Q I U N O
O A T N A G E P T D T T Y Q H V L B L L U G L
R M P D A R O U P E A P U S H B A C K I U I U
U M Q G I N C S R R Q T R A N S I T S B E E N
Q O Y F S C U F A I C E I A O G I R I A G R T
H C I I O L E P G R S X Q C I V V B Z T U E E
C E B T E R M B N I N F L A T I O N T S A V E
D L J S E O E Q T J P J P X A R D G O M B O R
E U B N C W S B M S I L A I N O L O C Y H S Z
V H C I Z H U C K F C H C N O I T C E T O R P
H E E O L G F Y A O W V N H R C N B F M D S U
L H A Y I L N V U A O M A O O L R L G U F D H
I V K Y S H O N O F Z J T V C L A S S I S M C
T X Q D H W C N Q D F I U G P B F J K D D B R
B X J T J I S T C D S O P I N I O N U E Y Y A
H T T C L T S I L A N O I T I D A R T M Y H M
```

SOVEREIGNTY	STABILITY	CONFUSE
BILL	MARCH	SCAN
TRADITIONALIST	PUSHBACK	COUNCIL
INFLATION	RESPONSIBLE	OPINION
INTERFERENCE	CORONATION	COLONIALISM
AVOW	VERIFIED	MEDIUM
PROTECTION	CLASSISM	TRANSITS
VOLUNTEER	COMMANDO	COMPARATIVE

Themed Word Search Puzzles: Issue 19

Puzzle # 66

```
J R E F O R M I S T S E P A R A T I O N Y E P
B Y Z B D J Q C F V V H R X J E G L O K M T K
K C J V Z W I C L N O I T C E L F E R C U U C
L W O L U I H I E R A R C H I C A L O J M T B
N Z C V Q P V J Y R W N O I T A N G A T S I V
N C Q O E M S I L A R E B I L U E P G E O T N
H A T S B R E M P L O Y M E N T E F F B B S Y
K Y W E Y L A X K G G E J A A O T Z N D S E U
G Y O J F X E G D N C K W B E N N A S A O D T
H B P R E S S L E I K T E K O Y E T E A L Q P
Q S D J B U M I W Y S D Z L D M S Q S W E P W
B F V S L I U K D E D P F S Z H B O S O T A G
E C N E R R U C I V Z S A M T C A V E A E Q J
W E U S G V X V N R X J I R R X O I G V D G P
A D I A U N F T H U Y F V I I R E J R H K U V
Y X G C J H I H X S M K S F G T C R U Z E M X
T R S V E D W K V Q C I E J N B Y Y B C T J X
Z C A N D I D A T E S F N O I T A T U P S I D
```

CANDIDATE	STAGNATION	BURGESSES
PLAN	AUTONYM	SURVEYING
REFORMIST	CURRENCE	KING
DESTITUTE	HIERARCHICAL	PRESS
REFLECTION	SEPARATION	CRISIS
OBSOLETED	ABSENTEE	DISPUTATION
LIBERALISM	DISPARITY	EMPLOYMENT
DEBATE	COVERAGE	CASES

Puzzle # 67

```
T W L I V N B V N V N M S M O T C Z U U K N Q
E T C W E I A Y Y O P B G S M R R Z V H N I P
U Z D H R R A T I M O E E M L A O D E T P D P
S C R R G Y I N J V T L V O U P T I G F G F V
D N I M E R I O I X F V L D F L L S U F G E P
N N X C O P K N V I R D Z G T E U I A A N C D
R X Y N O X E E N P H K F N B B B S L G D I I N
E B I K M F X T H E H D X I U Z N L E M P F F
S M T O V C E R M A R C H K O Q O U V O P F K
I D F D I R W R T G E B Z F D O C S J D A O N
H I Z V E R Y Q U W V X W F R X U I H E T E E
C R K S E C N A N I F A M H N A L O H R D R W
N E T F W H E J F N Y D C Y L U M N P A Y U S
A C X E W M X U A N I Y K C K J F I S T U C P
R T L I D C V Z R E T S E V R A H K N E U E A
F I H L O J X T U G M Z R L D P U Q Q G H S P
N V Q E N I T H V D S P R O S P E R O U S N E
E E K B M S I N A S I T R A P I B H M I S I R
```

KINGDOM	BOVINE	DOUBTFUL
MODERATE	TAPPING	FRAMING
PROSPEROUS	INSECURE	OFFICE
NEWSPAPER	DIRECTIVE	MARCH
GAUGE	MINORITY	CONSULTOR
FINANCES	DISILLUSION	BIPARTISANISM
BELIEF	HARVESTER	SELF-INTEREST
OPINION	REMIND	ENFRANCHISER

Puzzle # 68

```
U Y M C F N K I I Y L L A T I N F L U E N C E
L D T O R A S Y N O I T A R E T L A C S X B C
Z V M U E T I L C B A Z T E F E I M U D G X M
R N P H F U R E L X Z R V A E S R E I L T U O
D F N Q H R I Q I W Y P N C P O L I T I C A L
S K O M B A F P N F Y K B T W U V U L K P K N
T G I Q S L H L A L A I D I S E R P S T A T E
S K T F V I Q A T N B E D O G I I Z G M J S A
I F C N Y Z L U I A I I S N O I T A N U G S X
L D E Q H A H A O C A W K A T N U O C E R T W
A Z J F L T J I N D U S T R I A L S W T N A E
I N B M L I D D A O V F L Y F I S C A L U R L
R M O P E O M H F H I S T R E S S O R S I I F
E H A C O N S E R V A T I S M Q A A X G Q F A
P P I H S N E Z I T I C A Z T V T D B B M F R
M V W I C O W H K W N P K N R X R Z E A P S E
I L A C I G O L O I C O S X M L O X N B C K R
Q L N S Q L W E T K T G E N H V Y B B V P C M
```

STATE	RECOUNT	TARIFF
FISCAL	INDUSTRIALS	RISK
TALLY	PRESIDIAL	WELFARE
IMPERIALISTS	OUTLIERS	NATIONS
NATURALIZATION	CONSERVATISM	REACTIONARY
SOCIOLOGICAL	INFLUENCE	STRESSORS
CITIZENSHIP	POLITICAL	ALTERATION
NATIONALISM	OBJECTION	INCLINATION

Themed Word Search Puzzles: Issue 19

Puzzle # 69

```
J I N T E R F E R E N C E P J K T P F B V F Z
F W E X Z H T E L E V I S I O N F R C Z G F Z
R H Y H B O Z A P B N N Z C D C G O A D Z S O
C A U T I O U S O G Y I E Q A D Y C Z U W S Q
E N I L E M I T W G K Y L S B S M E M E M W E
K E L A Y O R S I E T W A P O F H D Z A O L R
R D E T C I R T S E R N U L I L L U J I A E D
D P F E W K R O S T E E O Q V C C R F U B I S
J V U H Y E E C N A T S I S E R S E T M D N T
Q S Q L H P Y K N S E J A X Q A N I A T R F M
A S V A G Y Q J F I Z B P L O A B H D E Z O L
L N E S O T U J D U R M K H I A C U H B T G J
H A Q U L I P R O T O C O L H N M D K X S R A
J L Y F B N Q X X D D E B L E M K J Z H I A I
F B J E F G B L A X S H O K S V B A O M C P U
J K N R X I C I H P A R G O T O H P G T S H I
H D S W W D O U B T E D W Y B J D Y J E A I O
U I A Y S H S A R C E Q P T L G K Q Z P F C Q
```

ROYAL	STOCK	REFUSAL
DIGNITY	INFOGRAPHIC	DOUBTED
CRASH	INTERFERENCE	CHAMBER
BLOG	CASH	DISCIPLINE
LINKAGE	PROCEDURE	TELEVISION
TIMELINE	FASCIST	PROTOCOL
RESISTANCE	HABITUAL	UNRESTRICTED
CLOSE	PHOTOGRAPHIC	CAUTIOUS

Puzzle # 70

```
A W V H H B Y Y S E B W J M A O W R A R M I M
R U D I S P U T I N G T C C S D O U B T F U L
I N R L L F W J L M I O Q B F M W J H T R R I
S P O W E R S H D S M X I K R T Q H C H J O A
T O F I K H H T V R Z E N G A G E M E N T Y Z
D B O G F P N V A C B T S D M K V V P V U A B
A R P O G D D D H C D W U E E L I B A Z V L I
E H B E Q E E L E D E M R Z W G T Q X E J Y T
T T P N F S B I G L T T G Y O K A Y D S J R I
S J B B H T H N C O I N E Q R D N W N L C O C
E G X I N K Y G N K N V N O K U Y P X O D T I
M T P S A L U U C Y U F T B A L L O T W P A F
O B V F Y K I A O U J M S B X N F F Y N M M E
H A L T E R A T I O N G N O I S S E C E R R D
V S E Z K X L Y T I L I B A I L E R W C R O Z
H R Q V W R E W E R E T R A C E L J U O B F C
E R U T S A P W E V A D V E R S A R I E S E F
V O M Y A V O W B C I T P E K S W X V U B R Y
```

BALLOT	DEFICIT	DOUBTFUL
POWERS	LINGUA	RELIABILITY
RECESSION	ADVERSARIES	COMRADESHIP
PASTURE	AVOW	INSURGENTS
RETRACE	ROYAL	HOMESTEAD
SKEPTIC	ENGAGEMENT	ALTERATION
FRAMEWORK	DISPUTING	ARIST
UNITED	NATIVE	REFORMATORY

PUZZLEWHIZ **Themed Word Search Puzzles: Issue 19**

Puzzle # 71

```
M L D J E J O G S D E W O V A J O T Q H V L Y
Q Y I A G R D A W W K V T P Z Y V J V F Y Y R
E X S H C A E P M I P L L R B Y E D Q X G X M
A S L H O G T T Z I K P R Y C A M O L P I D T
K S A K V C A W A I N G M B P L U O F U M R P
Z R B S Y X L U N T N M W J K E F O C X E S B
D Y R C C H U G C Q S U W O W L G P X X T J L
M R A O S R M S U M B I O J S U N E A W A R G
N M O B B A U N H D K O T I W R I K D X N E C
T A F J K P C P A Y S W C N E F Z B V J U L E
R E A E N X C Y R U L I N G A L I U I N T E J
A J R C A V A J B T O L L A B E L I S C R G C
H R V T H U N S R L W Y T D X S A O E Q O A K
C J A I E C I Y T D N U O B E R I J R B F T K
X P J V S R E S N O I T A T I C C U F Y Q E P
T L S E L C I T R A C I M E A D O W S T O D M
D I S C O N T E N T T K E O D U S W Z S Z Q U
F Z K S B G Y R L Z U R C O N S E N S U S E O
```

DIPLOMACY	STOCK	FORTUNATE
IMPEACH	ADVISER	OBJECTIVE
KINGMAKER	CONSENSUS	RULING
ORCHARD	INACCUMULATED	SELF-RULE
SOCIALIZING	ANTI-STATE	MEADOWS
AVOWED	DISCONTENT	REBOUND
BALLOT	SOW	RELEGATED
ARTICLES	CHART	CITATIONS

Puzzle # 72

```
F H Y E M B L E M G O V E R N A N C E X E Z A
G P E T A P I C I T R A P P F F N H D A R S K
A R N Z A Y N F W S E K C C N Y M J P G U P P
A V A Q N A P Y T R E B I L J E N O Z R T U Y
A Z D E T S E N G B C F E U R P E N C E C G R
T D R I T O D K E Q X L K R P O B J D E U E E
P D O A C O V H F B I N Y Q A F Y A J M R C C
G N N Y T L H A F F L U E N T F G A U E T Q E
S C U T N A T L U S N O C M G T R D M N S R S
E A E T T E G A R F F U S S B Q A A B T K O S
S K B R O A D C A S T L Y Q F Q M O W K X C I
T I I E N O I T C U D O R P C Q S X I I M T O
E J B N T N E M P O L E V E D M Y R M F O P N
S A H I R S N H N N A T I V I S M R B E D F A
S B J V Q V I X B I N F L A T I O N A R Y I R
A S R I S Y U B K M R O E G Z U X V Q Q P I Y
F F H D E I O P A R A M I L I T A R Y H R V D
J P D E L B M E M E R D G D R A Y N R A B W I
```

GOVERNANCE	MAYOR	EMBLEM
PARAMILITARY	INFLATIONARY	REMEMBLED
PARTICIPATE	BARNYARD	PRODUCTION
SUFFRAGETTE	AGREEMENT	NATIONS
AFFLUENT	LIBERTY	NATIVISM
BROADCAST	DIVINE	RECESSIONARY
DEVELOPMENT	STANCE	CONSULTANT
STRUCTURE	ASSETS	WARFARE

Puzzle # 73

```
O T X L X A Z C M A W G G M V E R I T C N J O
Q G U S S Q R O F O C T X O G X S D L E G U E
L I A N F I A Y R G K D H E I R P I E T Y J Z
A D R O T W O L L E F R E K L H L U M C J X O
H Z E I S I D E Y O L P M E R E D N U O M Y G
O J Q T T E E Y U M P P N I S P N P F N S T A
M U D A A G S T S I M R O F E R G U V S I N T
E R A L B E C V R R I L R Q S C B F D T L K G
Q G E E I L I Y T E X E R U V S T D B I A W L
D N H R L I T V I V M J Y N Y E S B D T C L O
E I L B I V I T Q I M C R C E S E Y V U O F B
L D A E T I L Q N V K K A E P A V H O E L P A
B N W T Y R O D Z A Z T L Q Q C Y W Z N C D L
M E S A T P P K A L R B A R J A M R U C M Q I
E L W T X X K M K I D G S T S R D M E Y L H S
M A W I D G E B V S C V I Q I T V P J P U C M
E I D G V S F M L M W I K M B H N W F B Z P N
R N H A P B V C T D R I E D R A H C R O J B J
```

POLITICS	GLOBALISM	REMEMBLED
HEAD	LOCALISM	SALARY
STABILITY	REVIVALISM	PRIVILEGE
ORCHARD	UNDEREMPLOYED	REFORMIST
CRITIQUE	LAWS	LENDING
MIGRANT	RELATIONS	PIETY
HEIR	AGITATE	REMIND
CONSTITUENCY	FELLOW	CASES

Puzzle # 74

```
K W D I L H B R O A D C A S T Q R V I S K A O
D L E N C I R T E L E Y N N A R Y T T S P T C
G C T U T C A Q L I D U O E R B A Y D E A W P
R O A Y W S Z W Q V O O Q R D E R S O L O P Z
C M C P C G L R F I U T S U B E T B U C O J A
G M O Q A L Q D X U B F N V G I N S X I M N F
N E L B U R Q Z P L T A V I B O N Y O T Q O E
I N E Y A T O N R E E H S A I R A T E R G I V
P T R Y C Y Q G O N D T H N K R U P T A O C U
P A F U R A F E P I E K I Q K U R Z Y Z U R M
A T M A Z C R X L R C P B R W O Q P F K D E E
N O K C P X T C Q I O I H G T S S V Y K J O X
S R G J I H V U O D T E P E R O L K L O F C T
N L U T B S E P O N P I S S V L F F G I F N B
E N O H P A S U O S H T S H U U R N U T F O A
M R U E G A S S E M I C P M N S G H X O A N A
R P E D W F O O D N G C E D S Z D R Y E G Z D
P J Z I K H C H G C X I S T R H L F P S B X L
```

TYRANNY	OUTCRY	COMMENTATOR
REGISTER	FOLKLORE	DOUBTED
BUST	MESSAGE	ARTICLES
FUNDS	SUSPICION	ELITISMS
BROADCAST	NON-COERCION	PROTESTING
RELOCATED	OPINION	HABITS
TECHNOCRACY	IRATE	SNAPPING
ROSTER	SOUSAPHONE	ELETRIC

Puzzle # 75

```
M Y F Q Y X N C O C R E L B I S N O P S E R C
A X O K K Q R H E T W U C O O P E R A T I O N
X M Q U U P V N X N C G L A R U T L U C I B C
J O R R T D J Y T O T A L I T A R I A N J M U
T N Y E K S V I F J U R I S D I C T I O N T L
W A N T B P O Y K I I B A R E B E L L I O N A
Q S I O I O M U P W N J C L Z Q A L Z N Q J C
Y T I R I L S M R H Y G G B I G T B C O V M I
V R Y N A T I L I C E V I U I Z X C O I E E T
S O T N F T U B Z K I U X S E Z A V R T R L S
E K D N I U E L A C Q N M B Z K V T N A K E A
L U K N A D L L O D O H G C I V I C I C W C I
B P F I L S Q N O S N P U S H B A C K O N T S
B Y U Y V G A J E R E A P C Z U L V C L N E E
U F N I T I N E H S P R T U T D L H G L P D L
B T E E W T E R P H S J P S J Y M U E A W O C
T N A M R O F N I R E F U G E E I N G F T A C
G I U P C I L C I H M A X J T E Q M O A T H E
```

JURISDICTION	REBELLION	PUSHBACK
CIVIC	BICULTURAL	RESPONSIBLE
RESOLUTION	SINFULNESS	ALLOCATION
CORN	STANDABILITY	ECCLESIASTICAL
OUTSOURCING	CENTRALIZATION	PEASANTRY
RETWEET	PROLETARIAT	SIGNIFY
TOTALITARIAN	BUBBLES	REFUGEEING
COOPERATION	INFORMANT	ELECTED

Puzzle # 76

S K K M I H A R A F F L U E N T U N O N A M Z
G M N J L Z L A R E D E F E V M M E T I Z C D
U S J R A B T D B A D F B V G Q T H Z Q K E P
A I Z E R D U C Q N Y I L A K A J H F D D P F
N C G C E I R E C P G B U N L F T G A M S W V
O I G N T N N I O B V O I G T Z R R K I P E X
R N U E A U O S N V B Y B U O A R A O E D N E
U Y X U L O U I S B E U B A P E H L Q P U A J
P C N L I U T O T V Z Z C R E T L L E L E I H
T V H F T T F E I A K U K D F P A R T Y O R S
F T I N L B V G T E R U D N E M A C I M M A I
I E G I U R I R U P L E A E R B B Y K I M R N
X T B G M E L U E H Y X P Q G P U J U M U G I
E Z V H U A L O N Y C A E O E J H B S T I A M
G E W H P K A B T L R E D L O H E K A T S L I
T W A O S P G R E S I S T A N C E S X R U C D
F R W W E C E C E Z I N O G A T N A D K J W O
X W A W T E R X Y I Q M N A J K D V S J K C N

CONSTITUENT	DIMINISH	VANGUARD
FEDERAL	AGRARIAN	CYNICISM
MULTILATERAL	GUIDE	RESISTANCE
AFFLUENT	OUTBREAK	STAKEHOLDER
INFLUENCER	BOURGEOISIE	ANTAGONIZE
ITEM	PARTY	GUANO
COOPERATION	UPSET	REPORTAGE
TURNOUT	VILLAGER	AMEND

Themed Word Search Puzzles: Issue 19

Puzzle # 77

```
J Y R A N O I T U L O V E R H B K V W G D A M
X P W N O I T R E S S A W Z Z R K U Z P I D P
A R S Q N L R E S I S T A N C E Z H S L E L A
N Y S T B N P Z M I G L O B A L I Z E O T A S
A E E S Q A P L M O D W A Y P D E P L U A F S
R J N C E C N E L U B R U T T I K R F G E G W
C P L I S L Z V V I K O A E B U I O I H M A H
H D U T N E P E B E B X T V K K C N G N M R F I
I Q F I X I L X P T A A P A L H D R T A E F B
S O N L Q P Q B F T V T V U W V U E E N P I V
T A I O R C H O B H N N C G L L S S R E J R Q
M F S P Y A N L L U B E R N E W T S E V M M B
O L P K R C P O F N B M O I U W R I S Q U A H
D E Y T I N U M M O C M P L T E Y V T C Z T W
G W E A K S F G K J V O Q Z T E F I B W Z I W
N V J W V I R A L P E C C O K B K S S E G O I
I C S H I F T W Z P W K V E R M V M E E K N W
K V R L S L E C T I V I S M K F W S G Q Z H A
```

POLITICS	TURBULENCE	ASSERTION
RESISTANCE	COMMENTATOR	PERMEATE
BUBBLES	SELF-INTEREST	INDUSTRY
LINGUA	PROGRESSIVISMS	REVOLUTIONARY
VIRAL	COMMUNITY	PLOUGHMAN
SHIFT	ANARCHIST	SINFULNESS
KINGDOM	CROP	AFFIRMATION
VOTER	GLOBALIZE	LECTIVISM

Puzzle # 78

```
X Z Q U N G D N N D F P F M U F J N R K U F P
K Z P Z T D I O L B A T Y B L W F A I V M E H
A R R I Y B W R E S P O N S I B I L I T Y C J
L R E M V N X K Q W R D H W G S K G V N A C M
A B S B D R X M E E I G J C Z P E R E O T O I
E X I W I X X S C D N M V X U Q U Z C C S M M
P P D U C U U I V V D L Z A V S S U H O E P X
P V I M T F V L Y O U T N T J V T M I S B E S
A Q A L A G R A U L S U N U F E V O J V J T S
R H L I T B E N D P T O I A L Y V I M U E E E
E E Y F O Z I O M D R T V B R O C O B S Z N C
W U G J R S A I C J Y O A H E T H I R J S C N
D T S N I Q X G W Q H S V O G M N X V S P E I
L U D R A F T E R M I D D T U Y F E U I G L R
P X U Y L H Y R T D Z A N O I G I L E R C C P
Y R E P R O S P E R T I T Y J D I C T A T O R
O Y U M N E D O C U M E N T Q Z V K U O G Z J
U M V R K S L A U S I V B L E G I T I M A C Y
```

LEGITIMACY	DOCUMENT	VISUALS
INDUSTRY	ANGER	DISABLE
APPEAL	VICEROY	PRINCESS
DRAFTER	PROSPERTITY	RELIGION
COACH	CIVIC	DICTATOR
ENTRANT	TAX	PRESIDIAL
RESPONSIBILITY	CUSTOMS	TABLOID
DICTATORIAL	REGIONALISM	COMPETENCE

Puzzle # 79

```
S J B Q Y O E S O I W E N U T R O F V D Y T E
T M V D T H B S U Q C J D T S U Q G G Q E C Z T
I L R E W E N T Y A Y K M F O Z P M U Z N Q T
O Q U O Q L H A R H O S T I L I T Y N I F W J
B D I A F S T N W E L A C G Y Z G I A L W F P
V I D E F E D D F A D P H U X O I D W A T W E
Q S E I C E R A Q W B T U R U E C L A R S U O
R C Z M F P D B T F R W R E J P B Q J T U Y R
S O I V E N A I O D Y U C H J A X F K N R Z E
D N L P W A B L S E R F H E P T Y K J E T T L
K C A I E N O I T C A R G A L F F H I C H H A
M O S G G E Y T I X T P P D K M R S U E I P T
Z R S F U A H Y B V N V I I L D I A U D L V I
U D I Q X X R S L B U P A Y R O L L Q P T D O
A A M U Y K L C H S L H O U S E O C V I Q V N
J N S N P P J M H Z O Y A C P O L U V E U O T
I C I G Y F C T G Y V W K W B T P N E T Q M G
A E D O P P O S E H O C I M O N O C E Y Y C S
```

OLIGARCHY	OPPOSE	CLASH
CHURCH	FLAG	TRUST
DEFAULT	RELATION	ACTION
SHEEP	DISMISSALIZED	TAPE
DISCONCORDANCE	VOLUNTARY	FORTUNE
PAYROLL	HOUSE	FIGUREHEAD
DECENTRALIZED	HOSTILITY	STANDABILITY
ECONOMIC	PIETY	REFORMS

Puzzle # 80

```
T L A L G N Q Q N D T V M T H G I L H G I H K
W D A L W J N C C S X G N B K V H O T S H E J
D F M C B I A J I Y H C R A I R T A M T T B F
N P T B I T T R I U D Y B W Z V M M S H S I S
J R I V I T A L I Z E D N W R J C E I G S L E
G N I W O S I B T W Q C O G R O L R N I E L N
K O I D I W J L R U A Q I B M F Y T C R R S A
P R O S T E R I O D N D T M R K D Z L N G O T
Y D R K E U S C H P Z N U U C R I K U A O P E
T S I R T N E C U P A N L X O D S M S M R V S
I F Q K S H D N S M I E O P D E T S I U P G E
S V P E S M X S B T O Y V R B D R W O H Y H Q
I A T G E Y A X A D W P E Y B A U O N W Q E U
Q J K V R Y P R N Z K L R R K X S D L W A H I
C R C Y P C I U D A V O W E D F T A Q K C J T
O Y Z G K A W V M X U B R T D I F E T B L I Y
V H P A N O I T A R O P R O C H U M V I V O J
Y X N K K T H M N K R Z D A U P L Z C Z Q J F
```

MATRIARCHY	CENTRIST	CORPORATION
SENATE	SOWING	DISTRUSTFUL
COMMUNITARIAN	HIGHLIGHT	BILLS
SELF-RULE	ARIST	APOLITICAL
FOLKLORE	REVOLUTION	PROGRESS
RIVITALIZED	ROSTER	HUSBANDMAN
EQUITY	HUMANRIGHTS	INCLUSION
PRESS	MEADOWS	AVOWED

Puzzle # 1

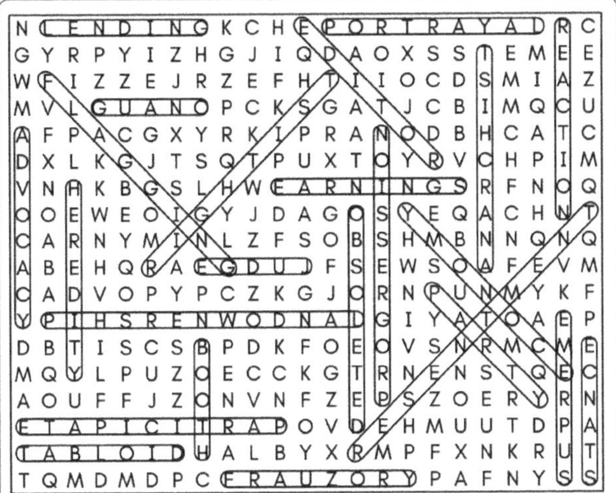

ECONOMY	RIGHTIST	RESENTMENT
JUDGE	FLAGGING	PROGRESSION
STANCE	PORTRAYAL	BOOTH
GUANO	OBSOLETED	ADVOCACY
TABLOID	HEREDITY	LENDING
EARNINGS	PARTICIPATE	EDITOR
LANDOWNERSHIP	ANARCHIST	REACTION
PARTY	SUPREME	FRAUZORY

Puzzle # 2

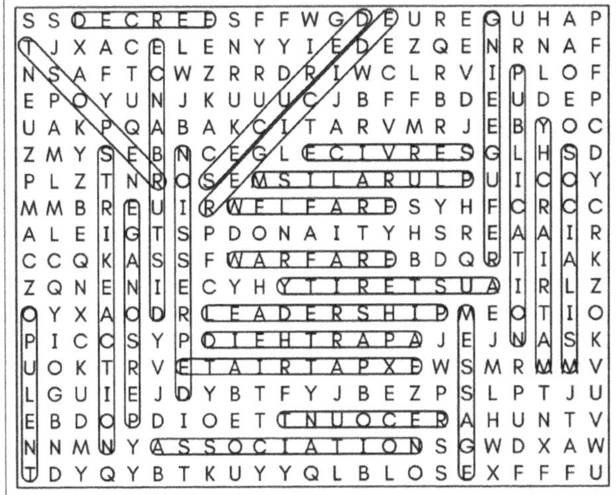

PLURALISM	REGICIDE	STRIKEACTION
MATRIARCHY	DISTURBANCE	WARFARE
RECOUNT	PUBLICATION	WELFARE
AUSTERITY	REPOST	SERVICE
MESSAGE	LEADERSHIP	DEPRESSION
EXPATRIATE	DECREE	PERSONAGE
SOCIALISM	APARTHEID	REFUGEEING
ASSOCIATION	OPULENT	SECURED

Puzzle # 3

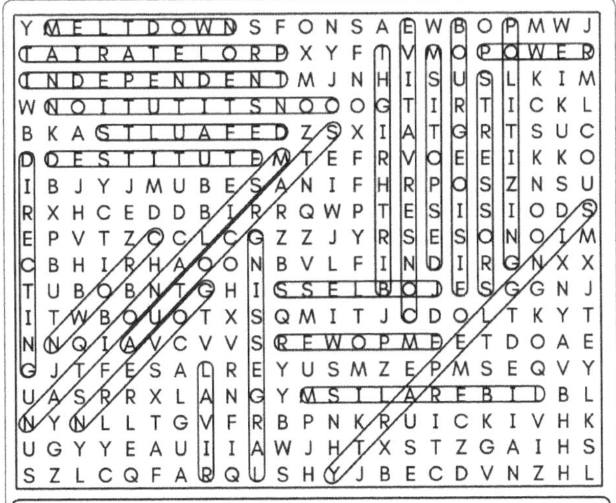

POWER	INDEPENDENT	GOVERN
NATIONALISM	MELTDOWN	DIRECTING
CONSERVATIVE	BIRTHRIGHT	CROWN
DESPOTISM	DEFAULTS	BOURGEOISIE
DESTITUTE	LIBERALISM	AUTOCRATS
RIVAL	PROLETARIAT	STRESSORS
CONSTITUTION	EMPOWER	LARGESSING
SINGLE-PARTY	JOBLESS	POLITIZING

Puzzle # 4

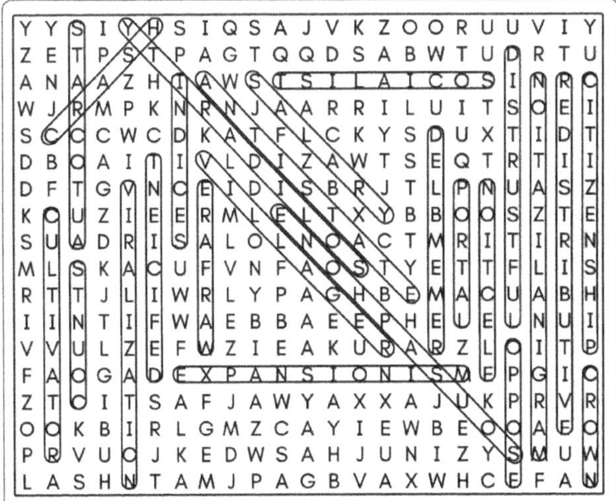

ELECTION	CRASH	SOLIDARITY
ANTI-STATE	VILLAGER	DEFICIENT
AUTOCRATS	VIRALIZATION	EXPANSIONISM
CULTIVATOR	DISTRUSTFUL	MARGINALIZATION
REMEMBLED	CROWN	OPPOSE
SALARY	SOCIALIST	PORTAL
CITIZENSHIP	REDISTRIBUTIVE	WARFARE
COUNTS	SOUSAPHONE	INDICES

Puzzle # 5

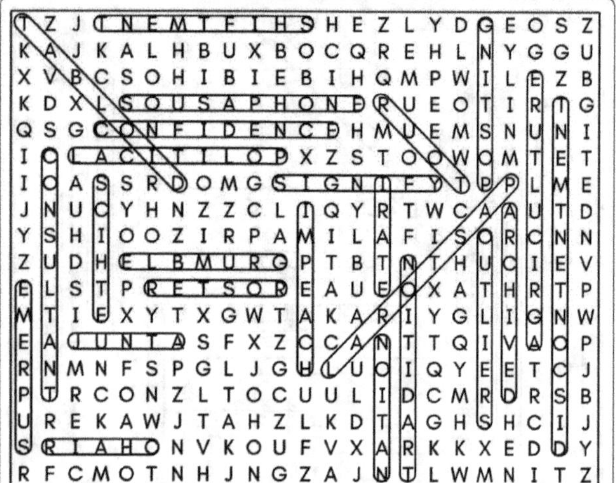

NATION	AGRICULTURE	TOUR
ROSTER	CHAIR	SHIFTMENT
DISCONTENTMENT	SIGNIFY	ETHICS
SOUSAPHONE	OUTLIERS	IRATE
TABLOID	IMPEACH	TRADITION
CONFIDENCE	GRUMBLE	SUPREME
JUNTA	PASTORAL	POSTING
POLITICAL	CONSULTANT	ARCHIVED

Puzzle # 6

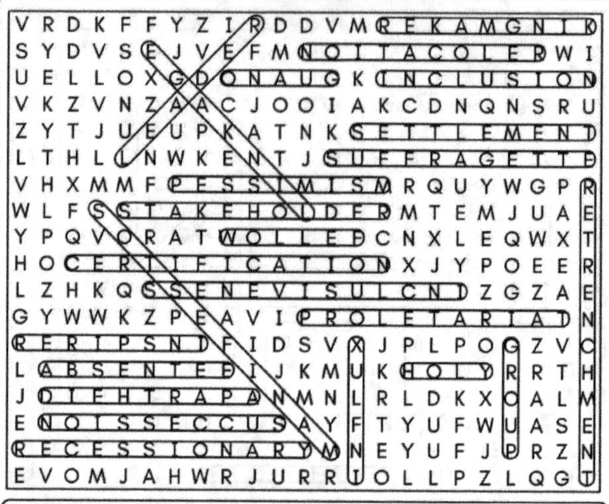

INCLUSIVENESS	MANIFESTOS	LINKAGE
LEADER	RECESSIONARY	RELOCATION
CERTIFICATION	SETTLEMENT	HOLY
KINGMAKER	INFLUX	ABSENTEE
INSPIRER	PROLETARIAT	SUFFRAGETTE
RETRENCHMENT	STAKEHOLDER	FELLOW
SUCCESSION	APARTHEID	INCLUSION
GROUP	GUANO	PESSIMISM

Puzzle # 7

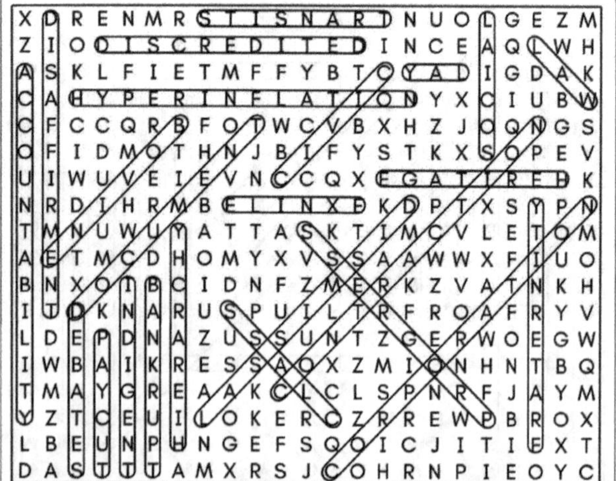

LAW	PROGRESS	DISAFFIRMENT
CLASS	INDIGENT	DISCREDITED
FRATERNITY	EXNILE	CIVIC
CONTRACTION	LAY	HERITAGE
TRANSITS	DEBATES	HYPERINFLATION
DISMISSAL	DOCUMENT	CORPORATION
ACCOUNTABILITY	BANKRUPT	PAYCUT
HIERARCHY	BOVINE	SOCIAL

Puzzle # 8

LEGITIMACY	OUTLOOK	HIGHLIGHT
CORONATION	CONTEST	WARRANTED
RADICAL	RALLY	SUCCESSION
ANGER	FINANCES	CODIFIED
ARCHETYPE	PROTECTION	SELF-RULE
SALARY	ASSEMBLY	ALLEGIANCE
PARTICIPATION	ABSOLUTISM	ECHOISM
DEFENSE	CYNIC	LEGISLATING

Puzzle # 9

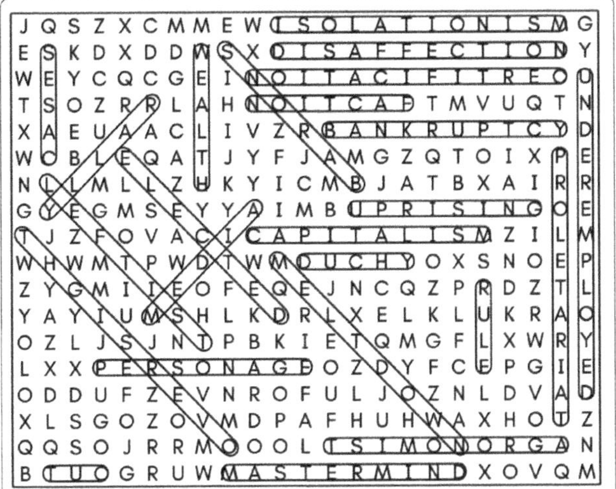

OVERSIGHT	CAPITALISM	MEDIA
PROLETARIAT	DISAFFECTION	CASES
LEFTIST	MASTERMIND	WEALTH
MELTDOWN	CUT	CERTIFICATION
PERSONAGE	DUCHY	ISOLATIONISM
UNDEREMPLOYED	FACTION	RALLY
RULE	UPRISING	BANKRUPTCY
BARONS	AGRONOMIST	ELECTED

Puzzle # 10

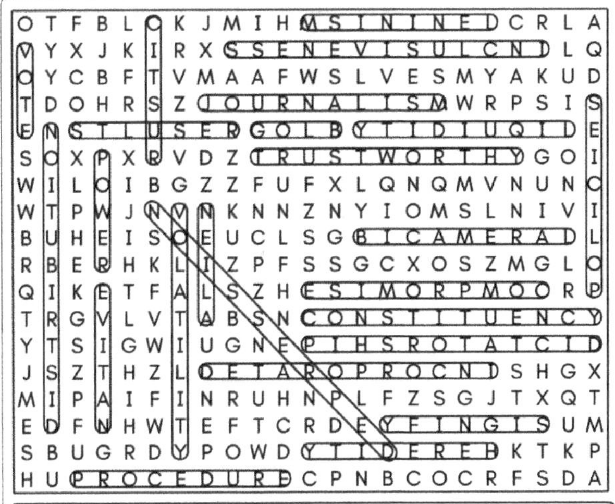

POWER	COMPROMISE	HEREDITY
RESULTS	RUSTIC	SIGNIFY
VOTE	DISTRIBUTION	PROCEDURE
DEPRESSION	NATIVE	ALIEN
INCLUSIVENESS	LENINISM	CONSTITUENCY
LIQUIDITY	JOURNALISM	TRUSTWORTHY
DICTATORSHIP	POLICIES	BICAMERAL
VOLATILITY	BLOG	INCORPORATED

Puzzle # 11

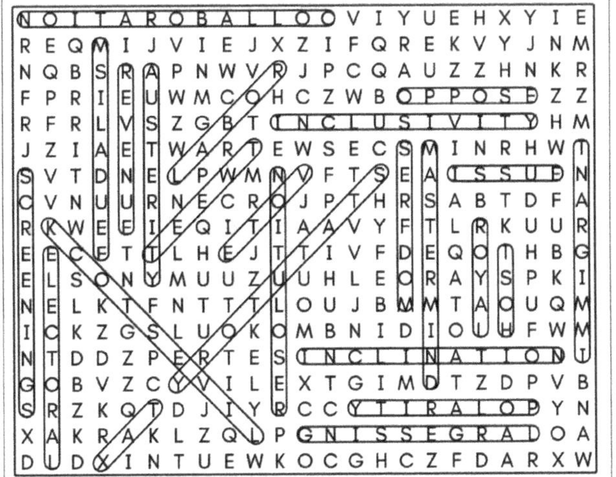

VOTE	INCLUSIVITY	COLLABORATION
LABOR	LIVESTOCK	REVENUE
POLARITY	SCREENINGS	FEUDALISM
OPPOSE	TWEET	RESOLUTION
ISSUE	ROYAL	AUSTERITY
IMMIGRANT	STATUTORY	HOST
ELECTORAL	SERFDOM	LARGESSING
TAX	MASTERMIND	INCLINATION

Puzzle # 12

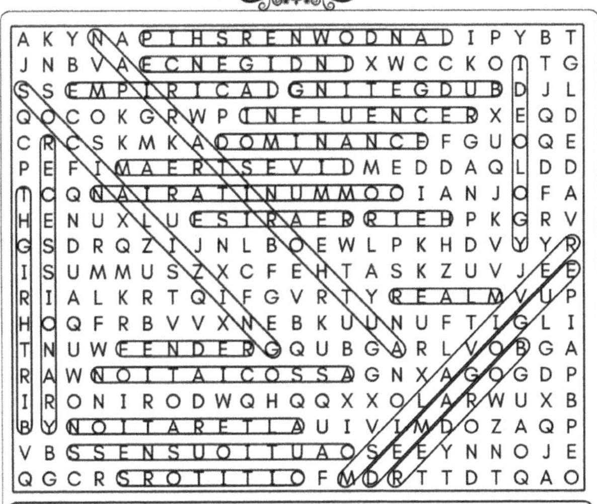

IDEOLOGY	RECESSIONARY	REARISE
ASSOCIATION	INFLUENCER	CAUTIOUSNESS
EMPIRICAL	FENDER	REALM
DEMAGOGUE	BUDGETING	COMMUNITARIAN
REVIVALISM	HEIR	BIRTHRIGHT
SOCIALIZING	DOMINANCE	ALTERATION
AUTHORITARIAN	INDIGENCE	LIVESTREAM
LANDOWNERSHIP	BORDER	CITITORS

Puzzle # 13

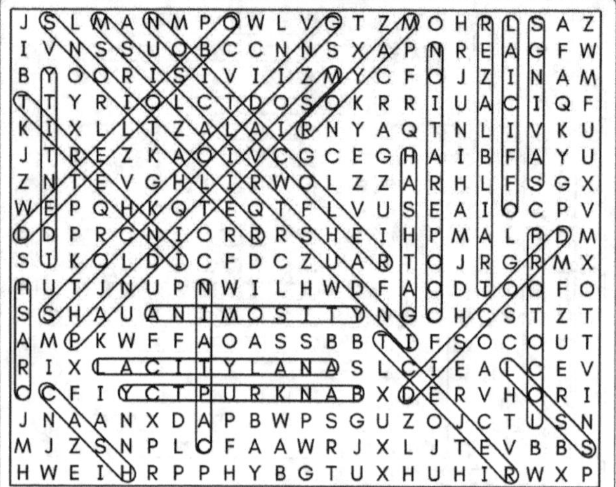

OFFICIAL	TRAILBLAZER	CASH
INDUSTRIALISM	RELOCATION	LOSS
SAVINGS	STOCKHOLDING	MAYOR
REJECT	PANDITIVISM	INHERIT
ANIMOSITY	RELATIONS	PROTOCOL
OBSOLETED	CRASH	DISCORD
COOPERATION	CAPTAIN	BANKRUPTCY
IDENTITY	HASHTAG	ANALYTICAL

Puzzle # 14

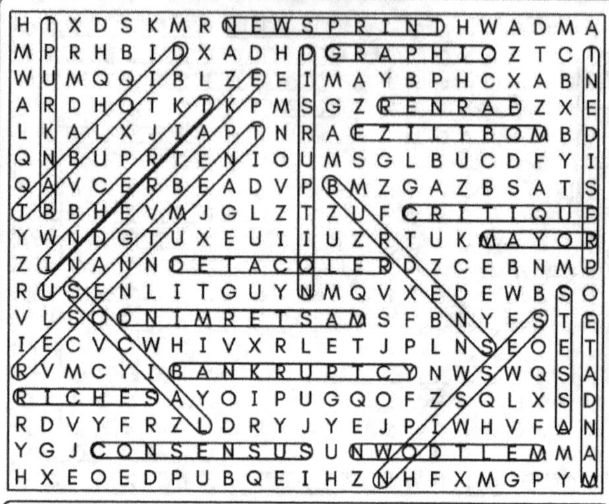

MANDATE	DISRUPTION	CONSENSUS
MAYOR	TABLOID	UNDERTAKE
ASSETS	RESENTMENT	SESSION
MASTERMIND	RELOCATED	MELTDOWN
CRITIQUE	PRESIDENT	RICHES
BANKRUPTCY	BANKRUPT	GRAPHIC
SOCIAL	INHERIT	BURDENS
MOBILIZE	NEWSPRINT	EARNER

Puzzle # 15

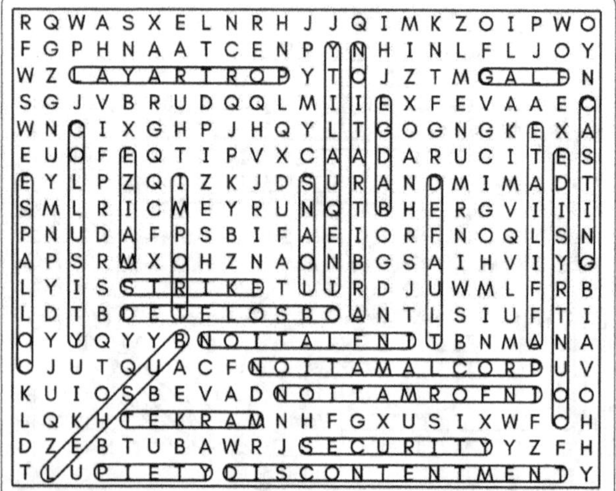

SECURITY	STRIKE	INFORMATION
INFLATION	MAIZE	COLLUSITY
LOANS	PIETY	CASTING
COUNTRYSIDE	AFFILIATE	MARKET
BADGE	PROCLAMATION	INEQUALITY
IMPORT	DEFAULT	FLAG
ARBITRATION	DISCONTENTMENT	PORTRAYAL
COLLAPSE	BUSHEL	OBSOLETED

Puzzle # 16

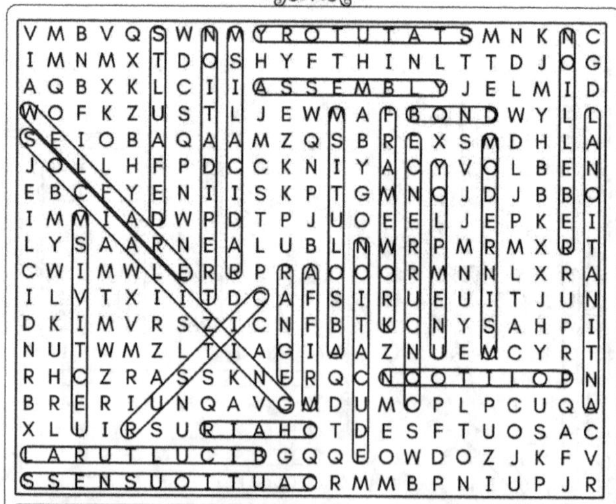

RADICALISM	ABSOLUTISM	UNEMPLOY
CONCURRENCE	BOND	AFFIRM
REBELLION	SOCIALIZING	FRAMEWORK
ANTINATIONAL	TREPIDATION	RANGE
CHAIR	EDUCATION	POLITOON
CAUTIOUSNESS	ASSEMBLY	BICULTURAL
WELFARE	MODERNISM	DEFAULTS
STATUTORY	RUSTIC	LECTIVISM

Puzzle # 17

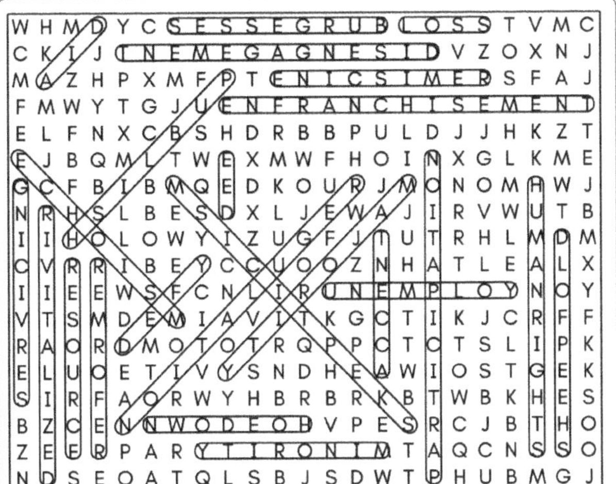

REGULATION	DEFY	BURGESSES
AID	REFORMER	LOSS
SERVICING	REMISCINE	MAJORITY
ACCENT	SKEPTICISM	ENFRANCHISEMENT
ECHOISM	RESOURCE	SHEEPFOLD
DISENGAGEMENT	HUMANRIGHTS	RIVITALIZED
PARTICIPATION	HOEDOWN	UNEMPLOY
MINORITY	PUBLISH	EED

Puzzle # 18

EQUALITY	ALIGNMENT	RELOCATION
ENACT	BOND	PLEDGE
AXIS	LARGESSING	BOOTH
DISPUTING	TREPIDIOUS	SANCTION
REVIVAL	ELITE	UPSET
REDUNDANCY	GLOBAL	ARBITER
FISCAL	XENOPHOBE	MEDIA-SHARING
DEPARTMENT	SPEAKER	ENACTING

Puzzle # 19

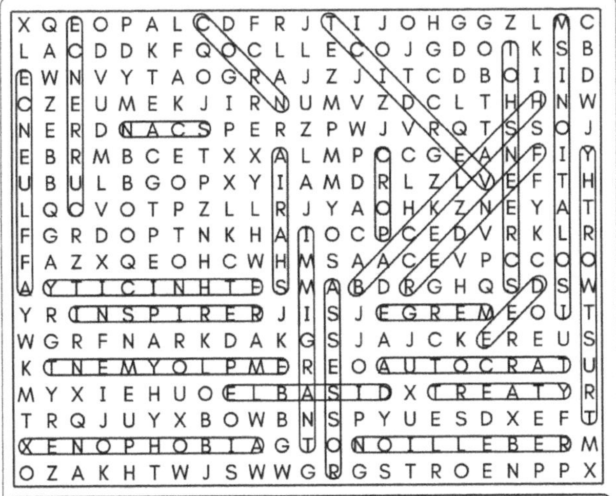

SHARIA	CORN	EMPLOYMENT
REBELLION	FENDER	ASSESSOR
CROP	SCREENSHOT	TREATY
MERGE	SCAN	AFFLUENCE
CURRENCE	VERDICT	INSPIRER
TRUSTWORTHY	XENOPHOBIA	IMMIGRANT
AUTOCRAT	ETHNICITY	DISABLE
ISOLATIONISM	BACKLASH	EED

Puzzle # 20

WELFARE	JOBLESS	DISSENT
COMMANDER	CHICKEN	FRAMING
ELITISMS	CHART	COUNCIL
DISCONTENTMENT	STRESS	CONSERVATISM
TARIFF	PROPAGANDA	MONOPOLIES
BANKRUPTCY	RADICAL	TRAILBLAZER
FISCAL	CREDITORS	INTERFERENCE
THEORY	TRADITION	CITITORS

Puzzle # 21

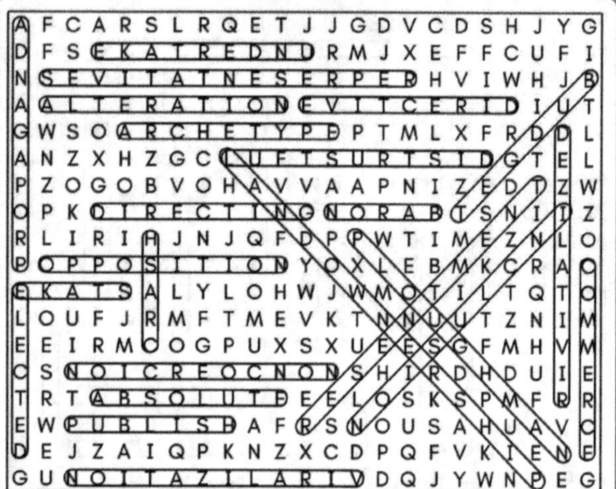

OPPOSITION	PLOUGHMAN	BUDGET
NON-COERCION	INCLUSION	DIRECTING
STAKE	VIRALIZATION	PROPAGANDA
COMMERCE	DIRECTIVE	CRASH
RESENTMENT	ABSOLUTE	PUBLISH
UNDERTAKE	REPRESENTATIVES	ALTERATION
BARON	ARCHETYPE	DISTRUSTFUL
LANDOWNERSHIP	RIVITALIZED	ELECTED

Puzzle # 22

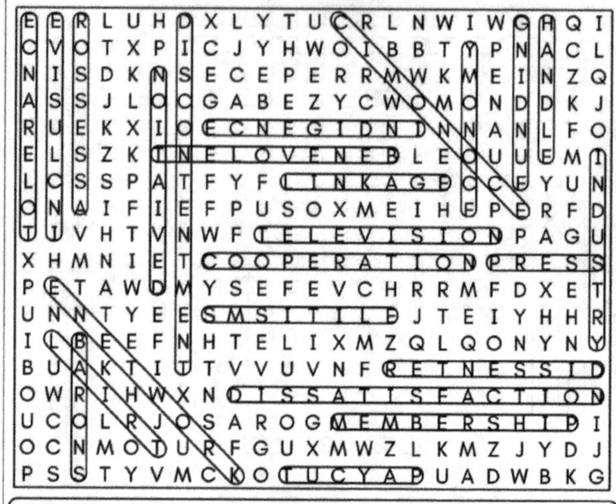

ECONOMY	INCLUSIVE	LINKAGE
ECONOMIC	DISCONTENTMENT	PAYCUT
TOLERANCE	TELEVISION	BARONS
DISSATISFACTION	E-NETWORK	PRESS
BENEVOLENT	INDUSTRY	DISSENTER
HANDLE	MEMBERSHIP	INDIGENCE
COOPERATION	ELITISMS	DEVIATION
TRIAL	FUNDING	ASSESSOR

Puzzle # 23

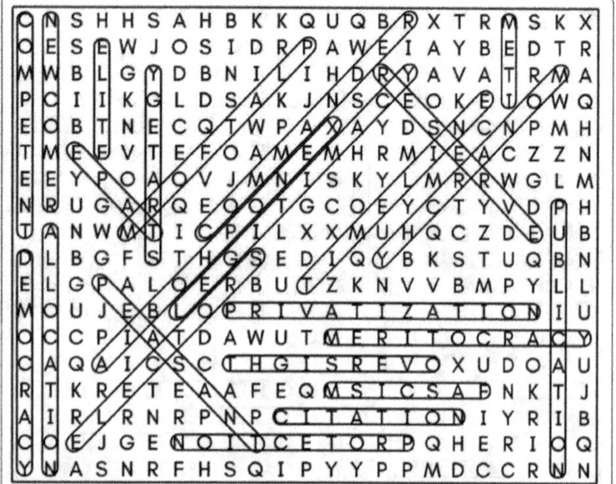

LEGITIMACY	COMMANDER	RESERVE
STRATEGY	MERITOCRACY	ELECTORS
ELITE	ITEM	DEMOCRACY
PRIVATIZATION	COMPETENT	PROTECTION
PUBLICATION	MONARCHY	PLATFORM
TIMELINE	ALLOCATION	PEASANT
FASCISM	TAPE	NEWCOMER
OVERSIGHT	XENOPHOBIA	CITATION

Puzzle # 24

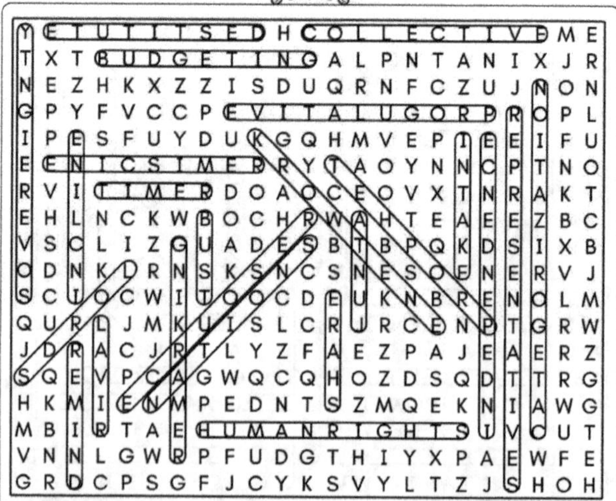

SOVEREIGNTY	HUMANRIGHTS	INTAKE
PROPHET	INDEPENDENCE	BUDGETING
CATEGORIZATION	REMIND	COLLECTIVE
DESTITUTE	RIVAL	NATIONS
PROGULATIVE	JUNTA	SHARE
E-NETWORK	REPRESENTATIVES	REMARKING
RESOURCE	BUST	REMIT
LORDS	REMISCINE	INCLINE

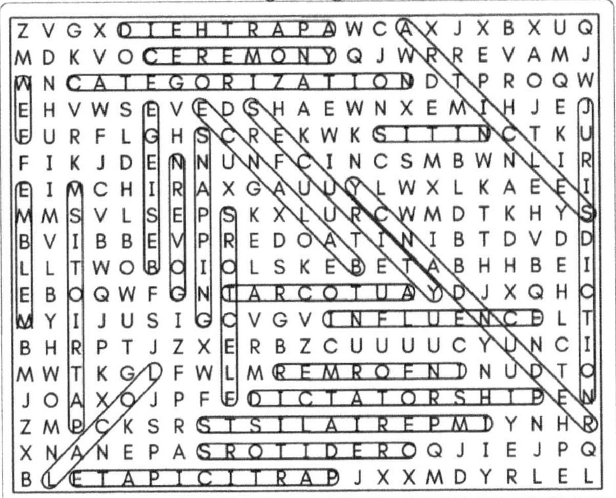

JURISDICTION	ARTICLES	CEREMONY
BALANCE	IMPERIALISTS	REDUNDANCY
PARTICIPATE	EMBLEM	LOCAL
APARTHEID	SNAPPING	INFLUENCE
BESIEGE	DICTATORSHIP	PATRIOTISM
INFORMER	FEW	SIT-IN
SECURITY	CATEGORIZATION	GOVERN
AUTOCRAT	CREDITORS	ELECTORS

LIBERALISM	REPUBLICAN	UPDATE
TURNOUT	ALLEGIANCE	OUTLIER
CLOSE	HOST	COMMUNITY
CULTIVATOR	MEME	UNIVERSAL
COLUMNIST	ALLOCATION	CHAOS
UNFAIR	SUMMIT	BENEVOLENT
REPUBLIC	VIEWPOINT	SCREENINGS
TAPE	NATAL	EARNER

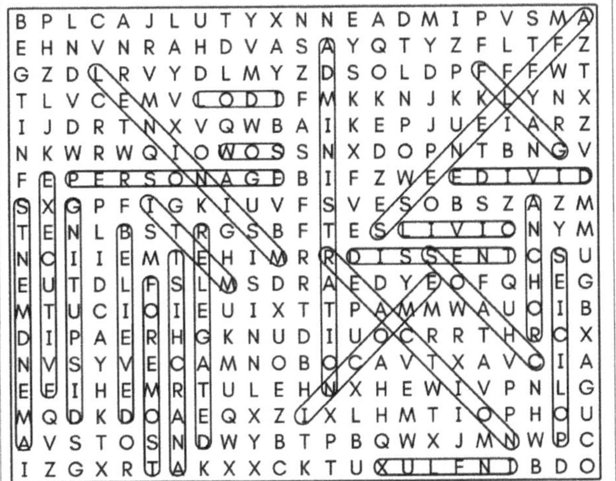

ADMINISTRATION	SOW	DIVIDE
AMENDMENTS	ANCHOR	BELIEVED
INCOME	INFLUX	CIVIL
PERSONAGE	AFFLENESS	DISPUTING
REACTION	EXECUTIVE	IDOL
RELEGATED	CHAOS	DISSENT
LENINISM	FLAG	FOREMOST
ANARCHIST	ITEM	POLICIES

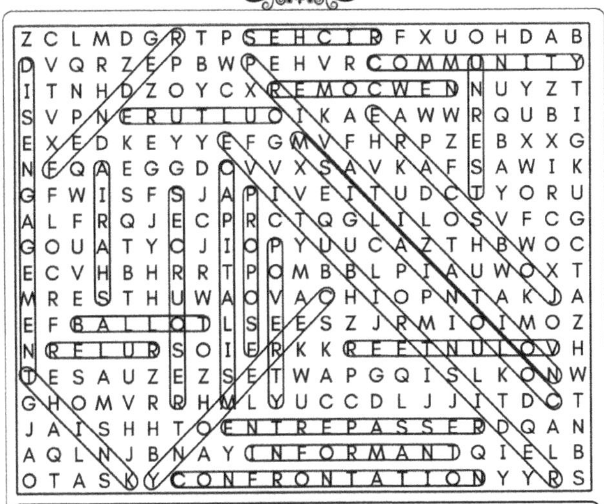

BALLOT	COLONIALISM	FENDER
RULER	RICHES	JOBSCARE
PRIVATIZATION	CONFRONTATION	SHARIA
POVERTY	ENTREPASSER	CAPITALISM
INFORMANT	RESOURCES	UNREST
NEWCOMER	VOLUNTEER	CEREMONY
COMMUNITY	REDISTRIBUTIVE	THINK
PROPOSE	CULTURE	DISENGAGEMENT

Puzzle # 29

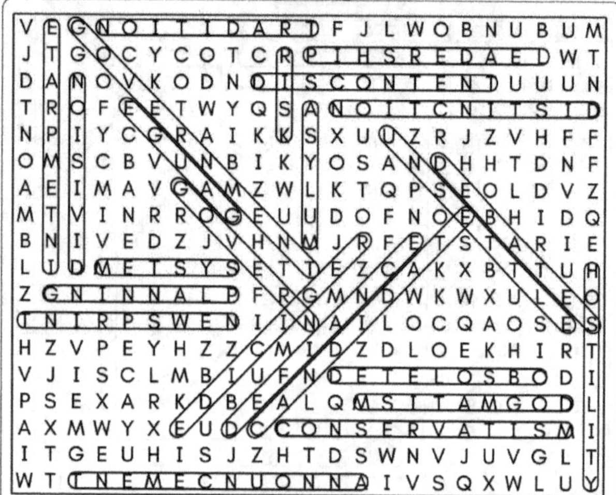

GOVERNMENT	NEWSPRINT	CONSERVATISM
LEADERSHIP	ASYLUM	REGICIDE
SYSTEM	GAUGE	HOSTILITY
DIVISION	RISK	GOVERN
DISTINCTION	CANDIDATE	DEFIANCE
DISCONTENT	DEBATES	INTEMPRATE
DOGMATISM	PLANNING	OBSOLETED
TRADITION	ANNOUNCEMENT	UNSETTLE

Puzzle # 30

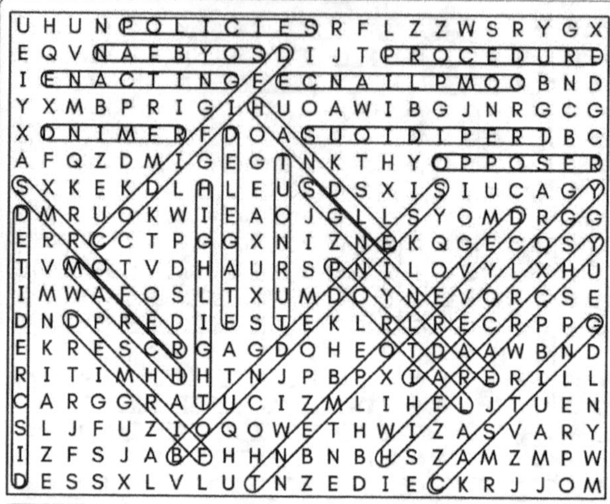

IDEOLOGY	DELEGATE	TREPIDIOUS
PROCEDURE	HIGHLIGHT	REFORMS
CASTING	EARNINGS	HIERARCHY
PORTAL	DISCREDITED	CODIFIED
OPPOSER	POLICIES	SOYBEAN
FIRMED	COMPLIANCE	HANDLE
DEVELOPMENT	MARCH	BOUNDEDNESS
TURNOUT	REMIND	ENACTING

Puzzle # 31

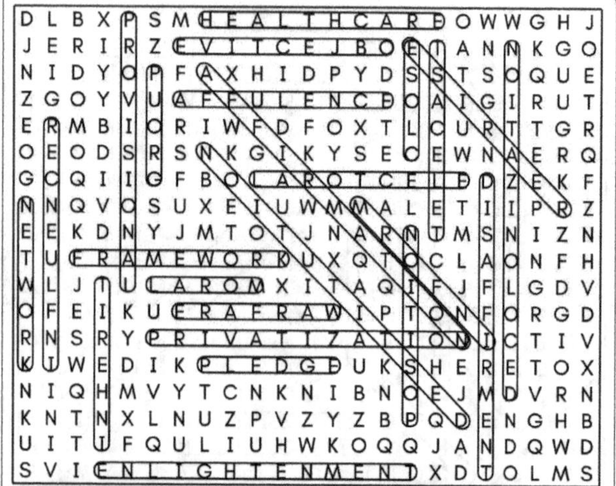

HEALTHCARE	ENLIGHTENMENT	WARFARE
GROUP	INFLUENCER	AFFIRMATION
PRIVATIZATION	REARISE	MORAL
INHERIT	PLEDGE	POSITION
INFORM	ELECTORAL	DESTITUTION
DISAFFIRMENT	CLOSE	NETWORK
FRAMEWORK	DECOLONIZATION	AFFLUENCE
PROVISIONAL	TELECAST	OBJECTIVE

Puzzle # 32

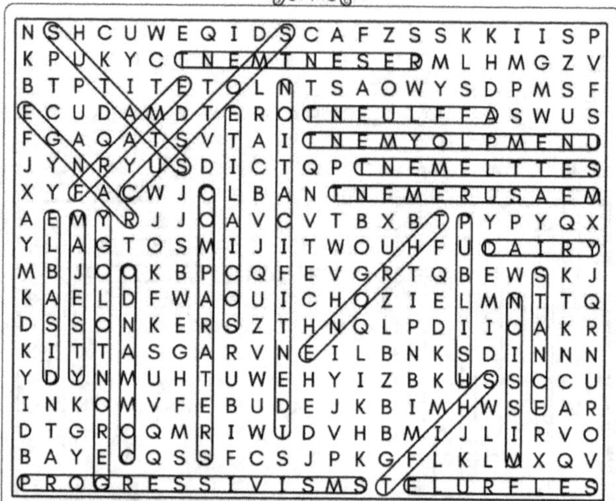

THRONE	AFFLUENT	DISABLE
IDENTIFICATION	PUBLISH	COMPARATERS
UNEMPLOYMENT	MEASUREMENT	STANCE
COMMANDO	PROGRESSIVISMS	SELF-RULE
STATUS	FRAME	GERONTOLOGY
SHIFT	CUSTOMS	RESENTMENT
MAJESTY	DAIRY	SOCIALITE
RANGE	SETTLEMENT	MISSION

Puzzle # 33

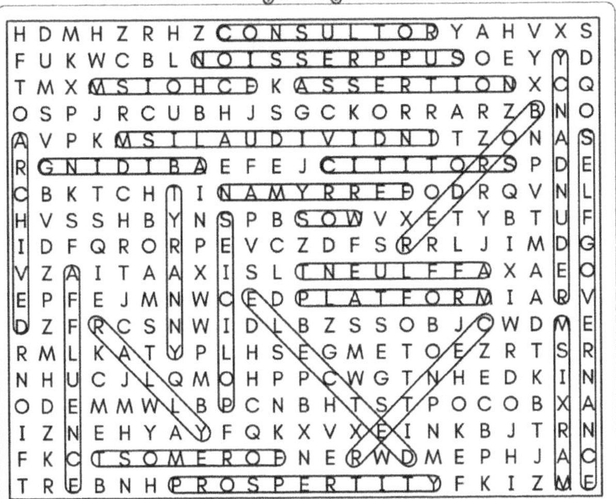

TYRANNY	SOW	ASSERTION
PLATFORM	ECHOISM	ELECTED
AFFLUENT	REDUNDANCY	SELF-GOVERNANCE
BORDER	CITITORS	AFFLUENCE
PROSPERTITY	MARXISM	CONSULTOR
ARCHIVED	INDIVIDUALISM	FOREMOST
SUPPRESSION	RALLY	ABIDING
CENTER	FERRYMAN	POLICIES

Puzzle # 34

AUTHORITARIAN	HYPERINFLATION	IMPORTATION
STATES	WAGES	SOCIALIZING
NOMINATION	INTERSTATE	EXPANSIONISM
OPULENCE	TRANSITS	PROPOSE
MESSAGE	INSTITUTIONS	INHERIT
PORT	IMPEACH	VISIONARY
TRANSPARENCY	ESTRANGEMENT	RESENTMENT
DIVISION	SOUSAPHONE	ASSERTION

Puzzle # 35

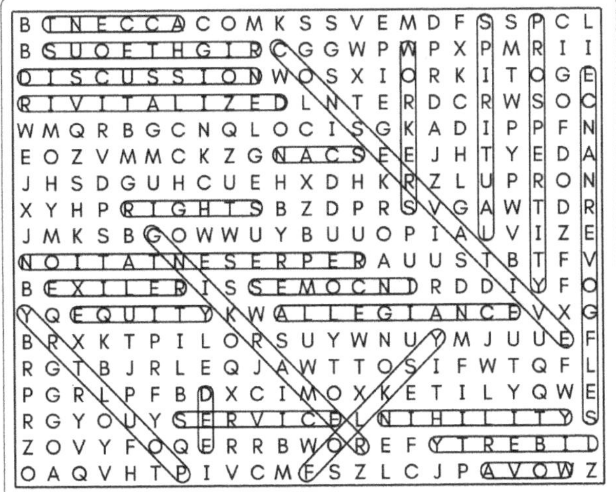

REPRESENTATION	INCOMES	PROSPERITY
EQUITY	ACCENT	EED
CONSERVATIVE	DISCUSSION	WORKERS
ALLEGIANCE	SCAN	SERVICE
EXILER	LIBERTY	POULTRY
AVOW	SPIRITUAL	REMARKING
RIGHTS	FOLKSY	NIHILITY
SELF-GOVERNANCE	RIVITALIZED	RIGHTEOUS

Puzzle # 36

GOVERNANCE	CRISIS	UNDEREMPLOYED
AID	DIALOG	ASSESSOR
CONSERVATISM	ADVERSARIES	PROPAGANDA
TELEVISION	AFFLENESS	FUNDAMENTALIST
SOCIOLOGICAL	PLANNING	LANDOWNER
ABIDING	RULER	REARISE
REFORM	PROTESTING	GUARANTEE
RELIGION	RESERVE	CASES

Puzzle # 37

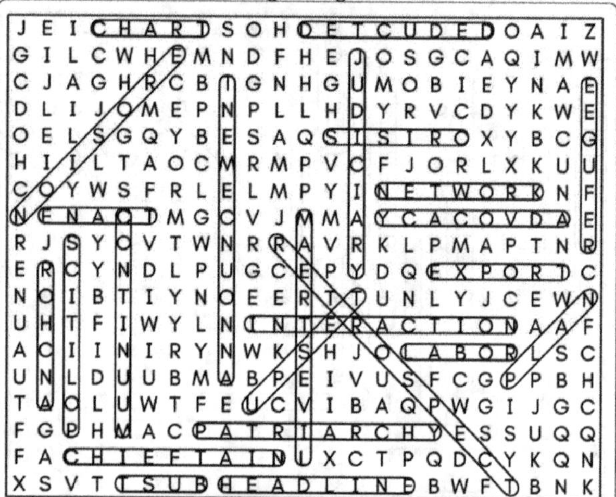

POLITICS	BUST	CHART
ENACT	HEADLINE	EROSION
CHIEFTAIN	INTERACTION	PLAN
PATRIARCHY	LIVESTREAM	CONTINUUM
EXPORT	LABOR	UPSET
REFUGEE	ANNOUNCEMENT	NETWORK
JUDICIARY	CRISIS	RETROSPECT
ADVOCACY	ANCHOR	DEDUCTED

Puzzle # 38

ACCOUNTABILITY	BOND	TERRITORIAL
OFFICIALS	INFORM	FIRED
ANGER	BORDERCROSSING	PRECEDENT
GRAPHIC	REDUNDANCY	INDUSTRIALISM
DIASPORA	PRIMARY	GOVERN
ASSET	NATIONALIST	THROWBACK
REALM	FOLKLORE	PHOTOGENIC
PREAMBLE	REACTION	HIERARCHICAL

Puzzle # 39

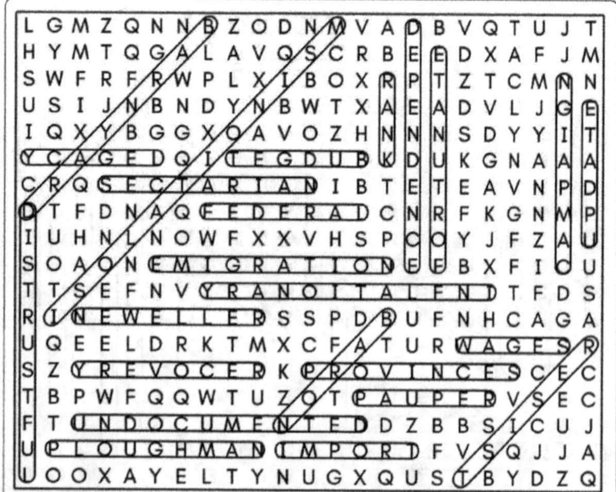

CAMPAIGN	PAUPER	EMIGRATION
RANK	LEGACY	BUDGET
WAGES	RESIST	PROVINCES
PLOUGHMAN	FORTUNATE	RECOVERY
NEWELLER	FEDERAL	BARNYARD
SECTARIAN	INFLATIONARY	IMPORT
BARON	DEPENDENCE	UNDOCUMENTED
ISOLATIONISM	UPDATE	DISTRUSTFUL

Puzzle # 40

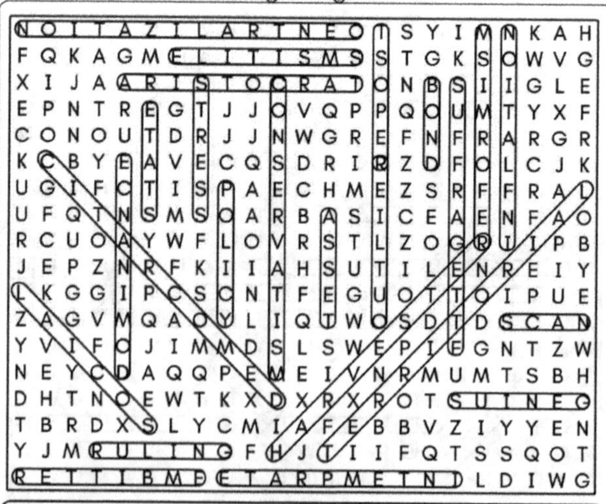

STATE	ARISTOCRAT	REPOST
RULING	EMBITTER	STRESS
REFORMISM	TERRITORIAL	SOCIAL
INFLATION	OUTLIER	CONSERVATISM
GENIUS	CENTRALIZATION	ELITISMS
ASSET	DEMOCRATIC	HARVESTER
POLICY	SUFFRAGETTE	INTEMPRATE
DOMINANCE	BOND	SCAN

Puzzle # 41

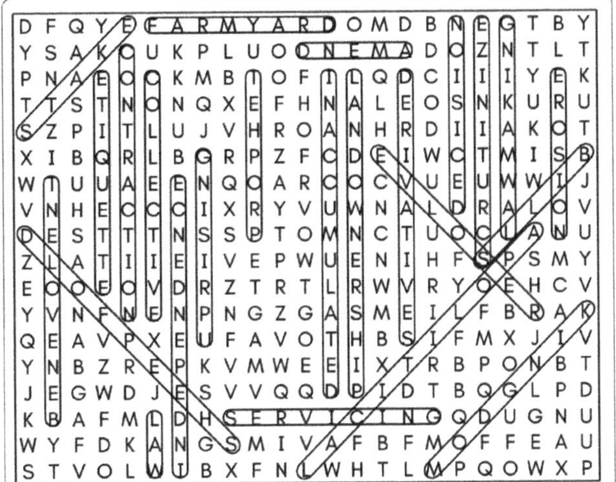

LAW	SCRUTINIZE	BENEVOLENT
PROPHET	DERIVATIVES	INACCUMULATED
APOLITICAL	ETIQUETTE	COLLECTIVE
SERVICING	AMEND	LAWMAKING
SHEEPFOLD	KINGDOM	CONTRACTION
RESOLVE	BILLS	FARMYARD
DECISION	UPRISING	INDEPENDENCE
LANDOWNERSHIP	STAKE	EROSION

Puzzle # 42

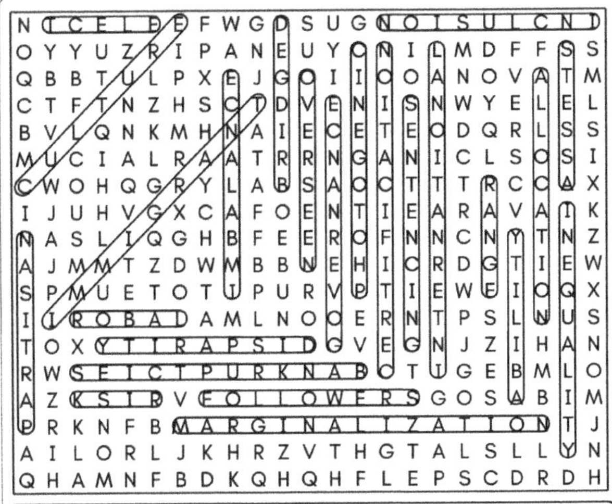

GOVERNANCE	IMBALANCE	PHOTOGENIC
INTERNATIONAL	CULTURE	BRIDGED
ASSETS	FOLLOWERS	SENTENCING
INEQUALITY	OVERSEEN	MARGINALIZATION
IMMIGRANT	LABOR	DISPARITY
RISK	RANGE	INCLUSION
ALLOCATION	BANKRUPTCIES	PARTISAN
CERTIFICATION	ABILITY	ELECT

Puzzle # 43

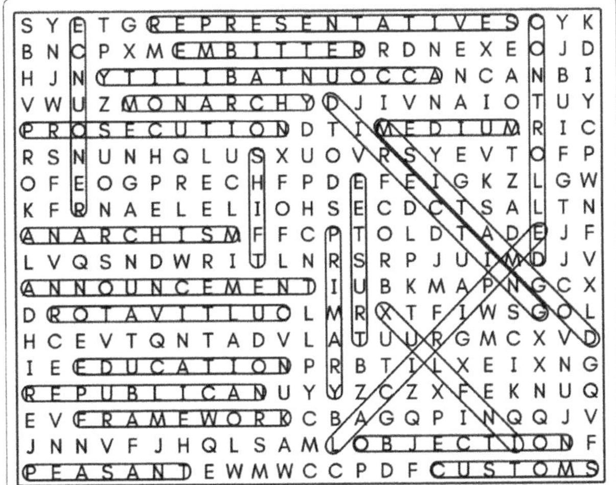

ANARCHISM	REPUBLICAN	MEDIUM
FRAMEWORK	OBJECTION	SHIFT
ANNOUNCEMENT	PEASANT	ACCOUNTABILITY
DOGMATISM	CONTROLLED	PROSECUTION
CULTIVATOR	EDUCATION	EMPIRICAL
INFLUX	PRIMARY	TRUSTEE
MONARCHY	CUSTOMS	RENOUNCE
REPRESENTATIVES	EMBITTER	DIRECTING

Puzzle # 44

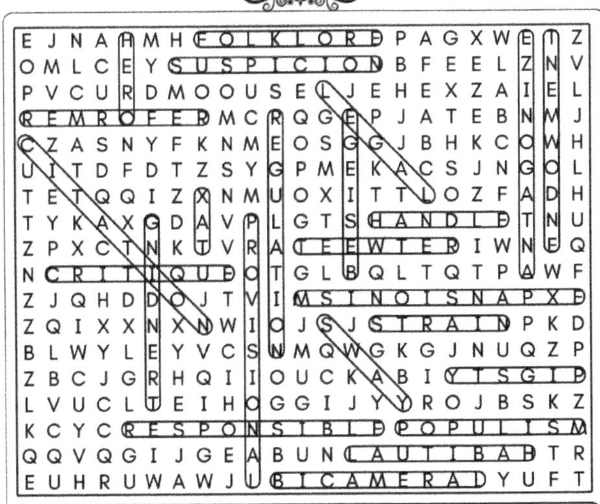

REGULATION	ENDOWMENT	RETWEET
LEGAL	REFORMER	RESPONSIBLE
BESIEGE	STRAIN	BICAMERAL
HABITUAL	SUSPICION	ANTAGONIZE
CRITIQUE	TAX	FOLKLORE
HANDLE	POPULISM	HERO
EXPANSIONISM	PIGSTY	TRENDING
PROVISIONAL	SWAY	CITATION

Puzzle # 45

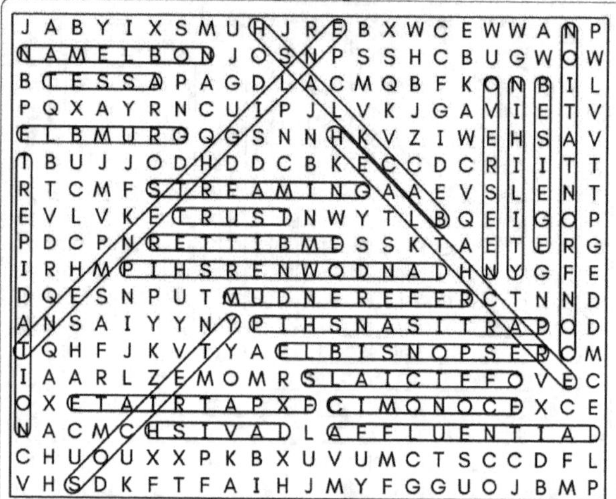

REFERENDUM	BESIEGE	AFFLUENTIAL
ECONOMIC	BACKLASH	RESPONSIBLE
GRUMBLE	ASSET	LANDOWNERSHIP
CONFRONTATION	TREPIDATION	NOBLEMAN
PARTISANSHIP	SOCIETY	LAVISH
TRUST	ENLIGHTENMENT	STREAMING
HEALTHCARE	EMBITTER	NIHILITY
OFFICIALS	EXPATRIATE	OVERSEEN

Puzzle # 46

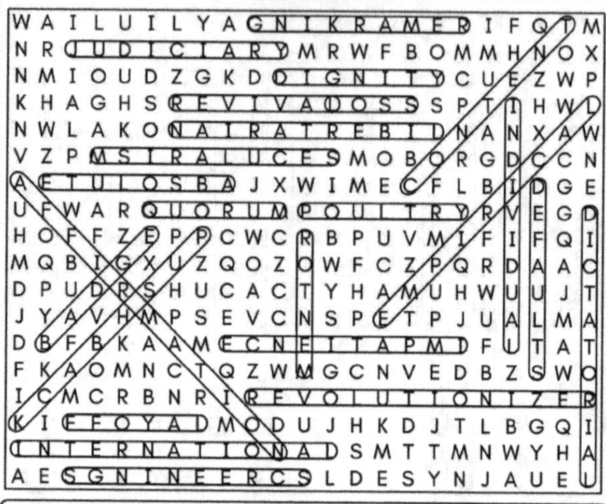

JUDICIARY	EMPIRICAL	CONTENT
QUORUM	MENTOR	AFFIRMATION
SECULARISM	REMARKING	INDIVIDUAL
BADGE	LOSS	LIBERTARIAN
REVIVAL	DICTATORIAL	POULTRY
DEFAULTS	DIGNITY	PUSHBACK
ABSOLUTE	IMPATIENCE	LAYOFF
INTERNATIONAL	SCREENINGS	REVOLUTIONIZER

Puzzle # 47

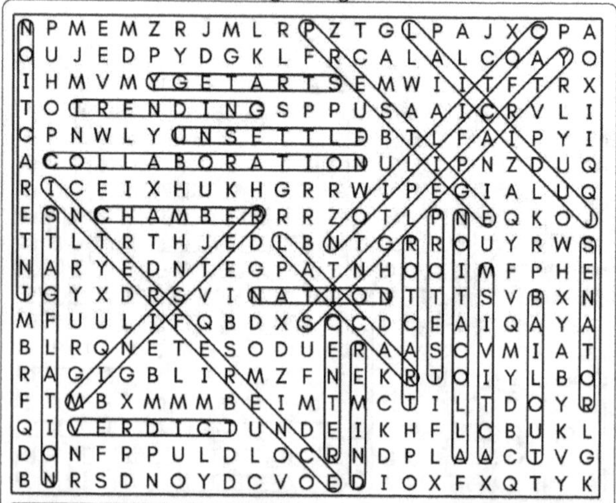

NATION	VERDICT	COLLABORATION
SINGLE-PARTY	STAGFLATION	TRENDING
CHAMBER	RACIAL	ALLOCATION
BAILOUT	REMIND	PRESTIGE
COTILLION	STRATEGY	CENTER
INTERFERENCE	MINISTER	TRACTOR
ACTIVISM	SENATOR	INTERACTION
JUDICIAL	PROTEST	UNSETTLE

Puzzle # 48

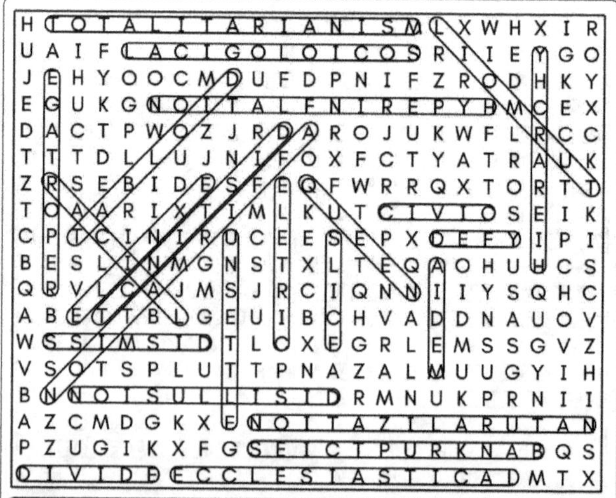

TOTALITARIANISM	TURMOIL	SOCIOLOGICAL
HIERARCHY	REPORTAGE	SLICE
DEFY	DIVIDE	ECCLESIASTICAL
NATURALIZATION	AFFIRMATION	BANKRUPTCIES
EXNILE	QUEEN	RACIAL
UNSETTLE	HYPERINFLATION	TABLOID
CIVIC	DISTINCT	DISMISS
DISILLUSION	MEDIA	ELETRIC

Puzzle # 49

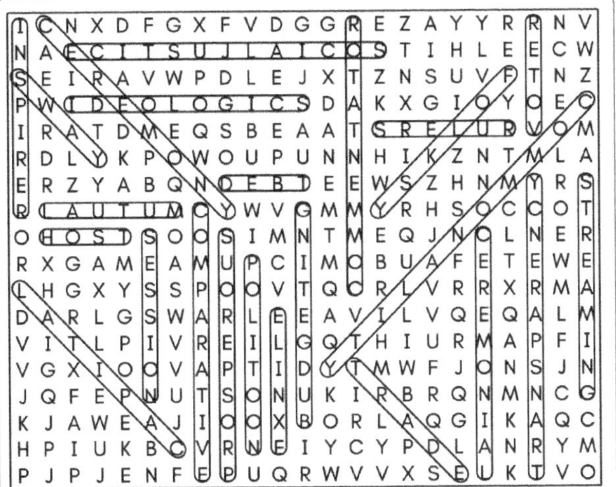

TRANSPARENCY	COMMONALITY	COMMENTATOR
SESSION	CEREMONY	COMPARATIVE
POLITOON	HOST	RULERS
FOLKSY	BUDGETING	SOCIALJUSTICE
SWAY	CAPITAL	PROSPEROUS
STREAMING	TRADE	INSPIRER
MUTUAL	DEBT	EXNILE
VOTER	CEREMONIAL	IDEOLOGICS

Puzzle # 50

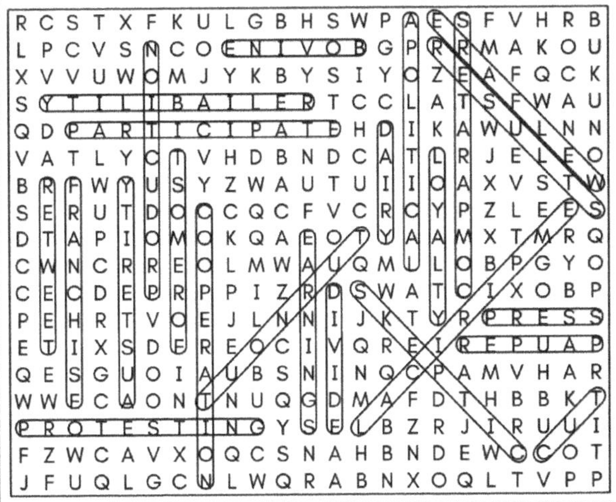

WELFARE	EMPIRICAL	FOREMOST
PARTICIPATE	BOVINE	RELIABILITY
APOLITICAL	EARNINGS	TURNOUT
PAUPER	LOYALTY	RESULTS
DIVIDE	COOPERATION	PROTESTING
SKEPTIC	PRESS	RETWEET
PRODUCTION	AUSTERITY	CUT
FRANCHISE	DAIRY	COMPARATERS

Puzzle # 51

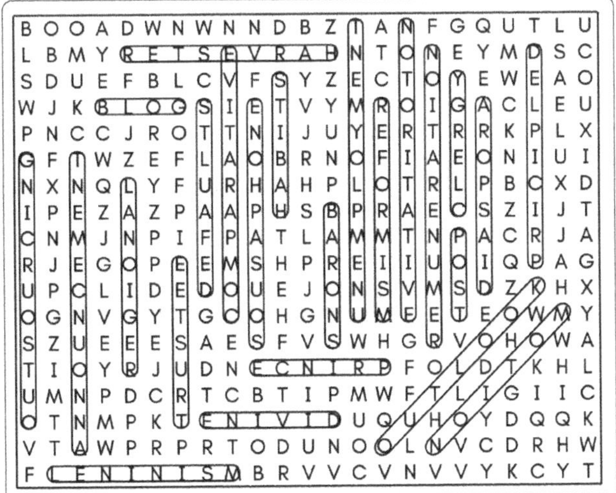

PRINCE	UNEMPLOYMENT	DIASPORA
CLERGY	SOUSAPHONE	COMPARATIVE
REFORMISM	OUTSOURCING	DIVINE
HARVESTER	DEFAULTS	OUTLOOK
MOTION	REGIONAL	TRUSTEE
NOTORITATIVE	ANNOUNCEMENT	BLOG
LENINISM	REMUNERATION	POST
BARONS	HABITS	PRICIPLED

Puzzle # 52

CONFLICT	IMPERIALISTS	SCHISM
CHAMBER	EXODUS	ELECT
SELF-RULE	ANIMOSITY	HIERARCHY
LIVESTOCK	REPUTABLE	POSITION
VLOGGING	TAX	COMMONER
DEFICIENT	PROCLAMATION	RELOCATING
REALM	STRIKE	MEASUREMENT
PREAMBLE	ENTRANT	CITATION

Puzzle # 53

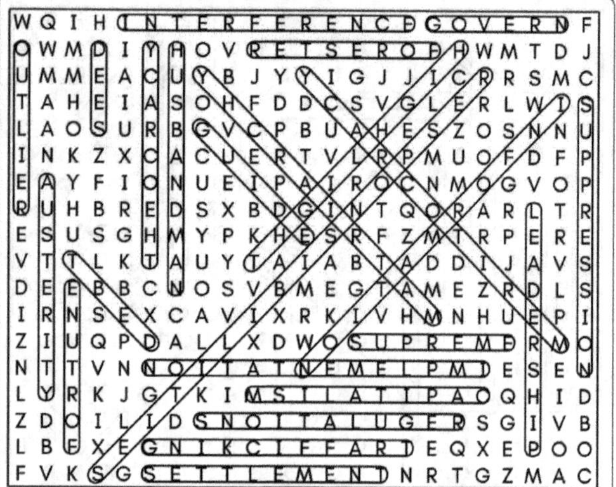

LEADERSHIP	AUSTERITY	INFORMATION
SUPPRESSION	SEED	INTERFERENCE
MERITOCRACY	SUPREME	MATRIARCHY
FORESTER	TRAFFICKING	CAPITALISM
GUIDE	THEOCRACY	FORTUNE
SETTLEMENT	RESPONSIBILITIES	GOVERN
IMPLEMENTATION	DEBT	HIGHLIGHT
REGULATIONS	HUSBANDMAN	OUTLIER

Puzzle # 54

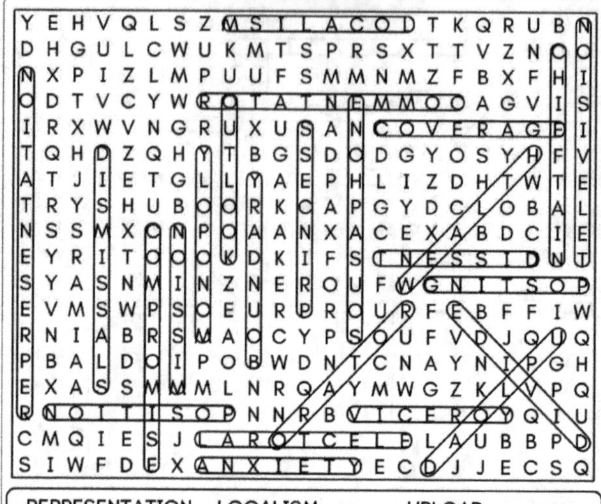

REPRESENTATION	LOCALISM	UPLOAD
WEALTH	TELEVISION	ANXIETY
MONOPOLY	DISSENT	PRINCESS
VICEROY	DISMISSALS	CHIEFTAIN
BOUNDARY	ELECTORAL	ORATOR
DIVIDE	POSITION	COVERAGE
COMPROMISE	SOUSAPHONE	POSTING
OUTLOOK	COMMENTATOR	MISSION

Puzzle # 55

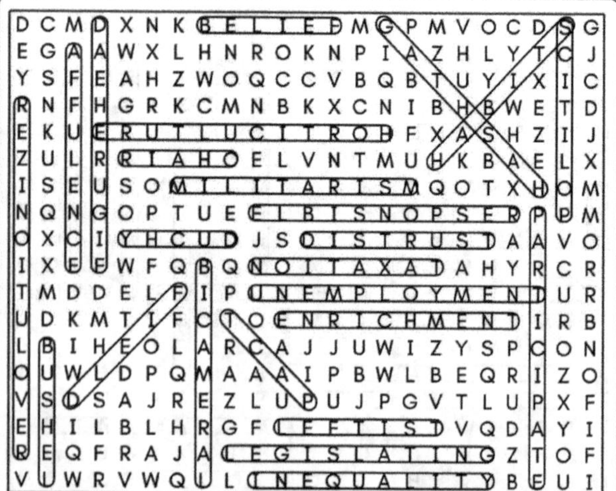

POLITICS	INEQUALITY	HASHTAG
BELIEF	BUSHEL	REVOLUTIONIZER
UNEMPLOYMENT	PACT	MILITARISM
HORTICULTURE	RESPONSIBLE	LEFTIST
FIGUREHEAD	DUCHY	FIELD
DISTRUST	PARTICIPATE	CHAIR
TAXATION	ENRICHMENT	AFFULENCE
BICAMERAL	HABITS	LEGISLATING

Puzzle # 56

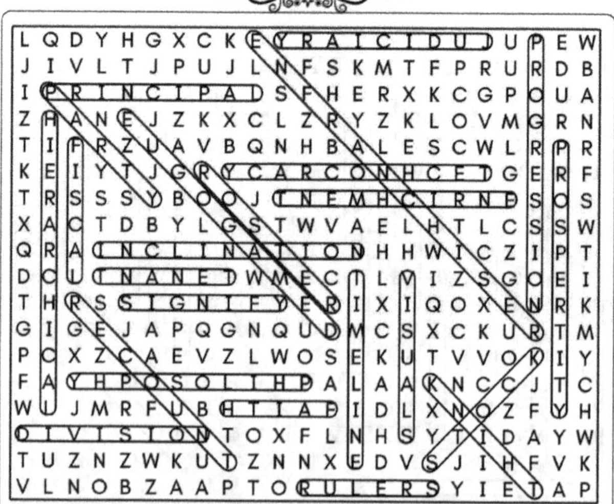

JUDICIARY	FISCAL	TIMELINE
RULERS	DEMAGOGUE	INCLINATION
ROSTER	THINK	FAITH
TENANT	PROGRESSION	RECOUNT
SIGNIFY	DIVISION	STOCK
HIERARCHICAL	PHILOSOPHY	VISUALS
TECHNOCRACY	ENRICHMENT	PROSPERTITY
PARTY	PRINCIPAL	ENFRANCHISER

Puzzle # 57

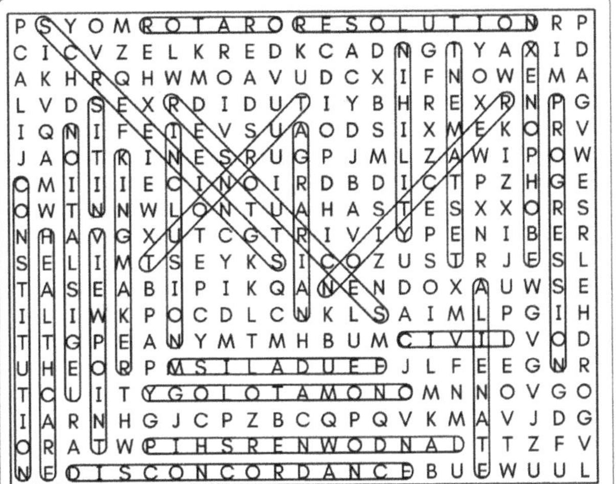

CONSTITUTION	TURNOUT	SIT-IN
INCLUSION	LEGISLATION	RESOLUTION
ALIENATE	REACTION	HEALTHCARE
CIVIL	AGRARIAN	DISCONCORDANCE
FEUDALISM	VIEWPOINT	ONOMATOLOGY
TESTAMENT	RESOURCES	XENOPHOBE
ORATOR	NIHILITY	LANDOWNERSHIP
KINGMAKER	SCREENINGS	PROGRESSION

Puzzle # 58

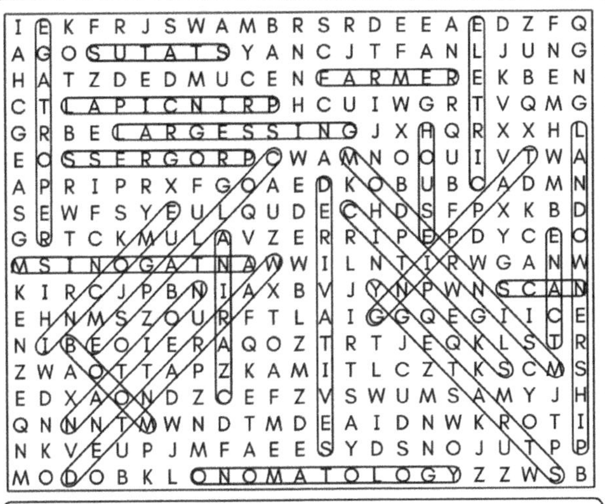

NATION	BOOM	LARGESSING
ENACT	ONOMATOLOGY	SCAN
COLLAPSE	TAPPING	HOUSE
FARMER	WARRANTED	CZARINA
ANTAGONISM	LANDOWNERSHIP	INCOME
SKEPTIC	MODERNISM	REPORTAGE
STRATEGY	DERIVATIVES	STATUS
PROGRESS	PRINCIPAL	ELETRIC

Puzzle # 59

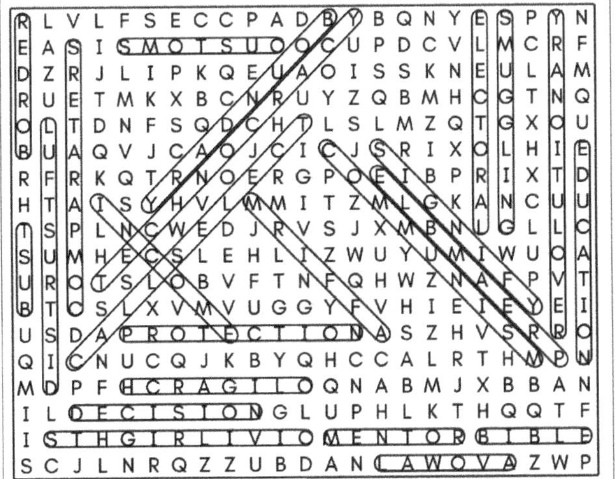

COMMUNISM	CUSTOMS	BORDER
PROTECTION	INCOME	COMPARATERS
REVOLUTIONARY	SIGNIFY	TECHNOCRACY
BUST	AVOWAL	PREAMBLE
SMUGGLING	DECISION	OLIGARCH
AFFIRM	BIBLE	BOUNDARY
EDUCATION	CIVILRIGHTS	DISTRUSTFUL
ELECTORAL	MENTOR	CALLSELECT

Puzzle # 60

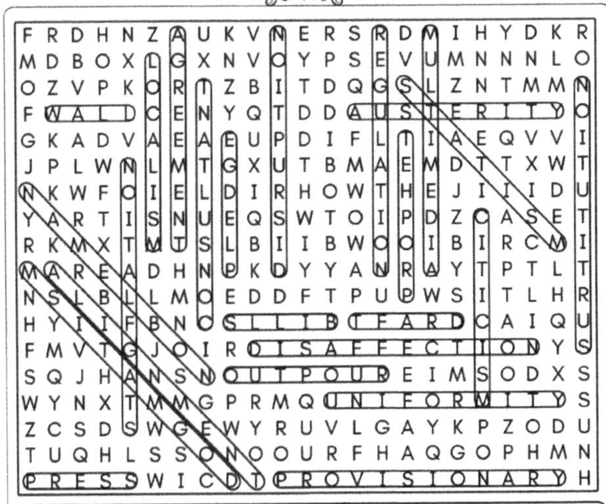

REGULATION	PROPHET	DRAFT
ALIGNMENT	STATISM	AUSTERITY
DISRUPTION	DISAFFECTION	CONSULTANT
AGREEMENT	WALL	PLEDGE
UNIFORMITY	BILLS	PRESS
NOBLEMAN	DOGMATISM	STAGFLATION
OUTPOUR	LOCALISM	MULTIMEDIA
PROVISIONARY	SURTITUTION	CITICISM

Puzzle # 61

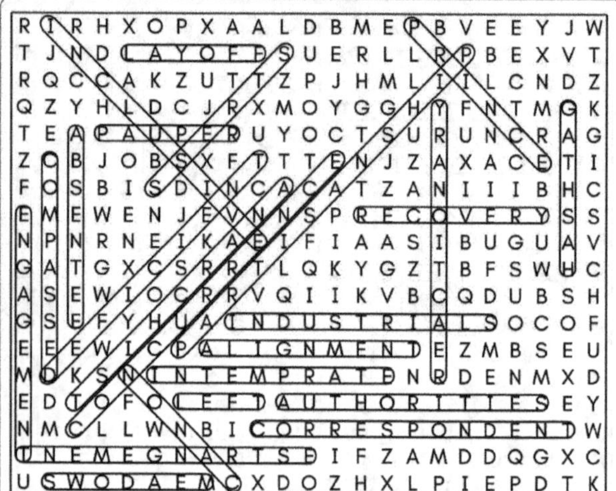

PRINCE	INCLUSIVE	INTEMPRATE
ABSENTEE	PAUPER	DEFICIENT
ANARCHIST	PARTISANSHIP	ENGAGEMENT
ESTRANGEMENT	STRESS	REACTIONARY
HASHTAG	CANON	INDUSTRIALS
AUTHORITIES	ALIGNMENT	CORRESPONDENT
CONCURRENCE	RECOVERY	LAYOFF
LEFT	MEADOWS	COMPASSED

Puzzle # 62

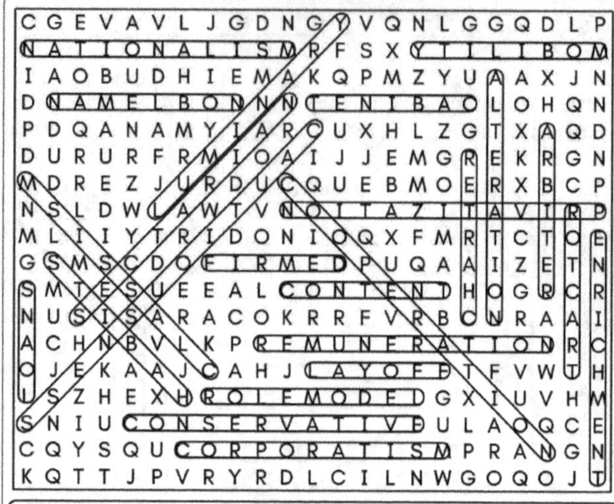

COOPERATION	ALTERATION	HABITS
NOBLEMAN	CABINET	LAYOFF
LUMINARY	REMUNERATION	PRIVATIZATION
NATIONALISM	CONTENT	ROLE-MODEL
LOANS	CONSERVATIVE	CAUTIOUSNESS
MOBILITY	TRACTOR	CLASSISM
CORPORATISM	SECTARIAN	ARBITER
ENRICHMENT	CHARTER	FIRMED

Puzzle # 63

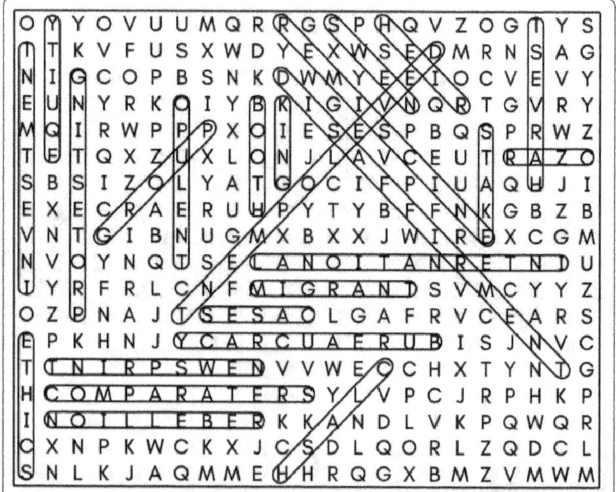

BUREAUCRACY	REBELLION	MIGRANT
EQUITY	OPULENT	COMPARATERS
ETHICS	REMISCINE	HEIR
STAKE	DISAFFIRMENT	INTERNATIONAL
NEWSPRINT	KING	PROTESTING
INVESTMENT	BOOTH	NEWS
DEVELOPMENT	CZAR	CLASH
GROUP	HARVEST	CASES

Puzzle # 64

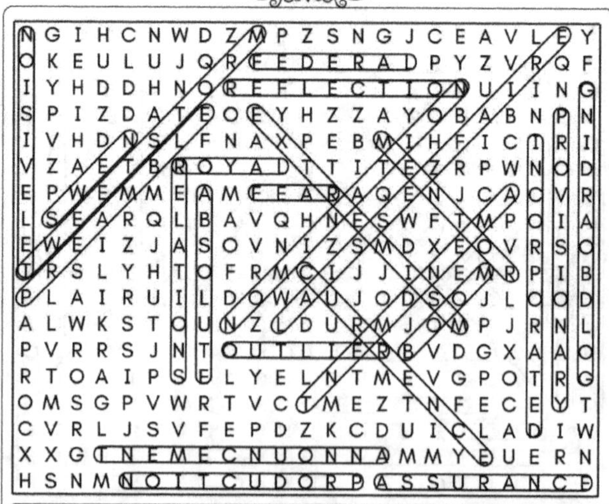

ROYAL	LAISSEZ-FAIRE	TWEETSTORM
AMENDMENT	TELEVISION	ASSURANCE
ANNOUNCEMENT	CURRENCE	FEDERAL
MENTOR	OUTLIER	NOMINATION
REFLECTION	PRODUCTION	BOOM
FEAR	PREAMBLE	PROVISIONARY
ABSOLUTE	EXTREMISM	GOLDBOARDING
RELATIONS	NEWS	INCORPORATED

Puzzle # 65

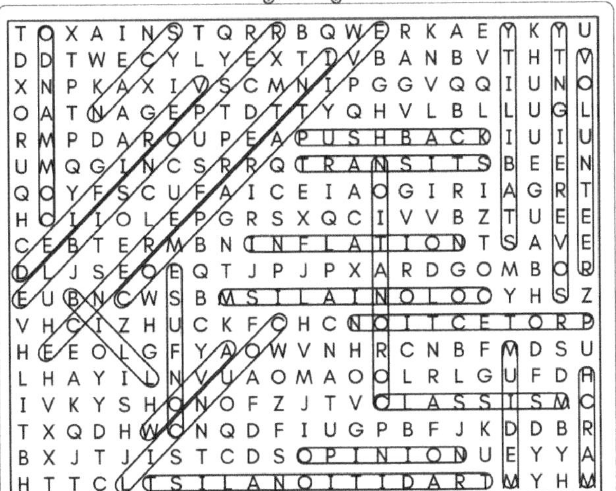

SOVEREIGNTY	STABILITY	CONFUSE
BILL	MARCH	SCAN
TRADITIONALIST	PUSHBACK	COUNCIL
INFLATION	RESPONSIBLE	OPINION
INTERFERENCE	CORONATION	COLONIALISM
AVOW	VERIFIED	MEDIUM
PROTECTION	CLASSISM	TRANSITS
VOLUNTEER	COMMANDO	COMPARATIVE

Puzzle # 66

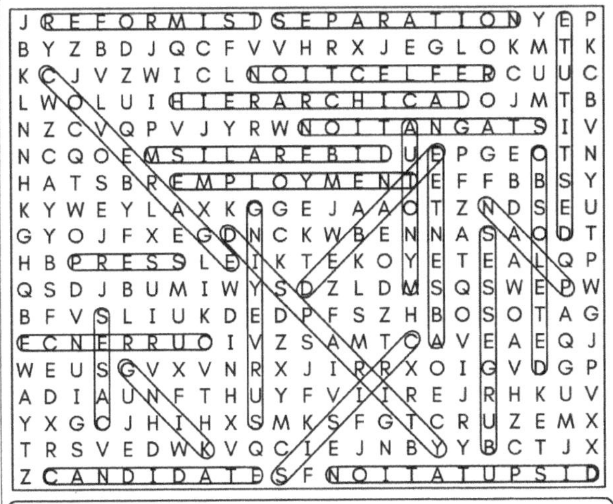

CANDIDATE	STAGNATION	BURGESSES
PLAN	AUTONYM	SURVEYING
REFORMIST	CURRENCE	KING
DESTITUTE	HIERARCHICAL	PRESS
REFLECTION	SEPARATION	CRISIS
OBSOLETED	ABSENTEE	DISPUTATION
LIBERALISM	DISPARITY	EMPLOYMENT
DEBATE	COVERAGE	CASES

Puzzle # 67

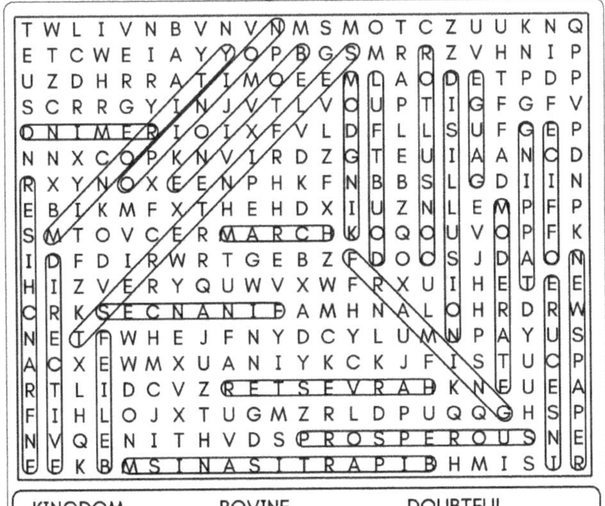

KINGDOM	BOVINE	DOUBTFUL
MODERATE	TAPPING	FRAMING
PROSPEROUS	INSECURE	OFFICE
NEWSPAPER	DIRECTIVE	MARCH
GAUGE	MINORITY	CONSULTOR
FINANCES	DISILLUSION	BIPARTISANISM
BELIEF	HARVESTER	SELF-INTEREST
OPINION	REMIND	ENFRANCHISER

Puzzle # 68

STATE	RECOUNT	TARIFF
FISCAL	INDUSTRIALS	RISK
TALLY	PRESIDIAL	WELFARE
IMPERIALISTS	OUTLIERS	NATIONS
NATURALIZATION	CONSERVATISM	REACTIONARY
SOCIOLOGICAL	INFLUENCE	STRESSORS
CITIZENSHIP	POLITICAL	ALTERATION
NATIONALISM	OBJECTION	INCLINATION

Puzzle # 69

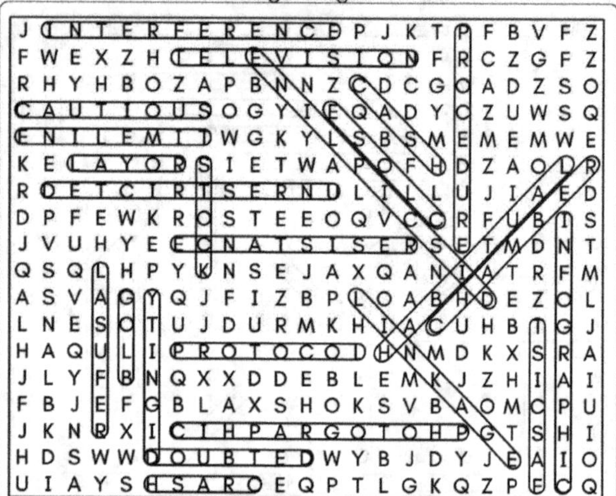

ROYAL	STOCK	REFUSAL
DIGNITY	INFOGRAPHIC	DOUBTED
CRASH	INTERFERENCE	CHAMBER
BLOG	CASH	DISCIPLINE
LINKAGE	PROCEDURE	TELEVISION
TIMELINE	FASCIST	PROTOCOL
RESISTANCE	HABITUAL	UNRESTRICTED
CLOSE	PHOTOGRAPHIC	CAUTIOUS

Puzzle # 70

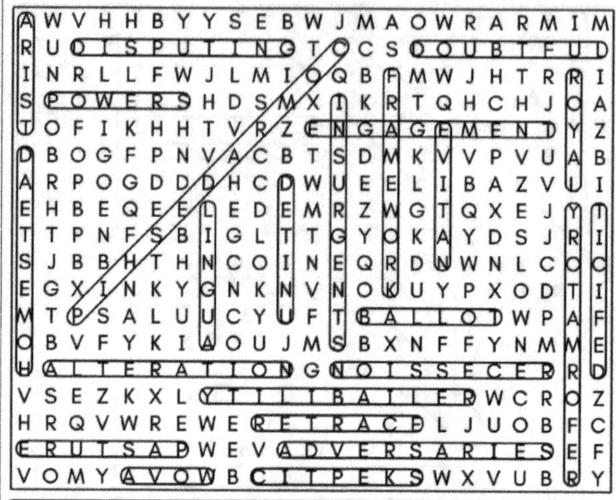

BALLOT	DEFICIT	DOUBTFUL
POWERS	LINGUA	RELIABILITY
RECESSION	ADVERSARIES	COMRADESHIP
PASTURE	AVOW	INSURGENTS
RETRACE	ROYAL	HOMESTEAD
SKEPTIC	ENGAGEMENT	ALTERATION
FRAMEWORK	DISPUTING	ARIST
UNITED	NATIVE	REFORMATORY

Puzzle # 71

DIPLOMACY	STOCK	FORTUNATE
IMPEACH	ADVISER	OBJECTIVE
KINGMAKER	CONSENSUS	RULING
ORCHARD	INACCUMULATED	SELF-RULE
SOCIALIZING	ANTI-STATE	MEADOWS
AVOWED	DISCONTENT	REBOUND
BALLOT	SOW	RELEGATED
ARTICLES	CHART	CITATIONS

Puzzle # 72

GOVERNANCE	MAYOR	EMBLEM
PARAMILITARY	INFLATIONARY	REMEMBLED
PARTICIPATE	BARNYARD	PRODUCTION
SUFFRAGETTE	AGREEMENT	NATIONS
AFFLUENT	LIBERTY	NATIVISM
BROADCAST	DIVINE	RECESSIONARY
DEVELOPMENT	STANCE	CONSULTANT
STRUCTURE	ASSETS	WARFARE

Puzzle # 73

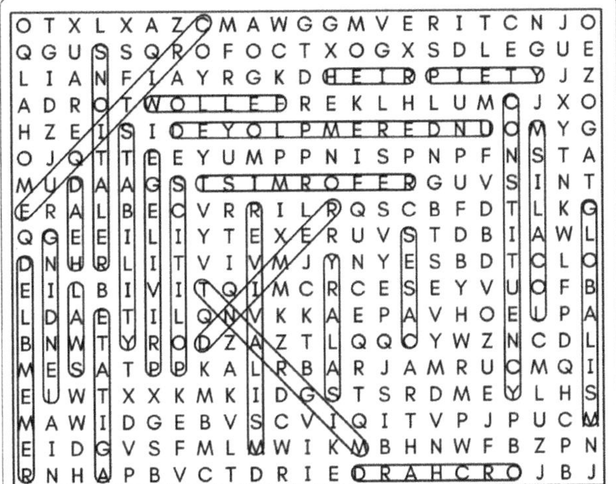

POLITICS	GLOBALISM	REMEMBLED
HEAD	LOCALISM	SALARY
STABILITY	REVIVALISM	PRIVILEGE
ORCHARD	UNDEREMPLOYED	REFORMIST
CRITIQUE	LAWS	LENDING
MIGRANT	RELATIONS	PIETY
HEIR	AGITATE	REMIND
CONSTITUENCY	FELLOW	CASES

Puzzle # 74

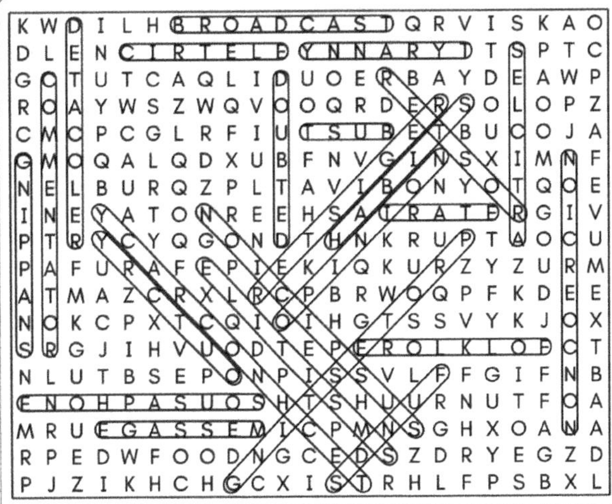

TYRANNY	OUTCRY	COMMENTATOR
REGISTER	FOLKLORE	DOUBTED
BUST	MESSAGE	ARTICLES
FUNDS	SUSPICION	ELITISMS
BROADCAST	NON-COERCION	PROTESTING
RELOCATED	OPINION	HABITS
TECHNOCRACY	IRATE	SNAPPING
ROSTER	SOUSAPHONE	ELETRIC

Puzzle # 75

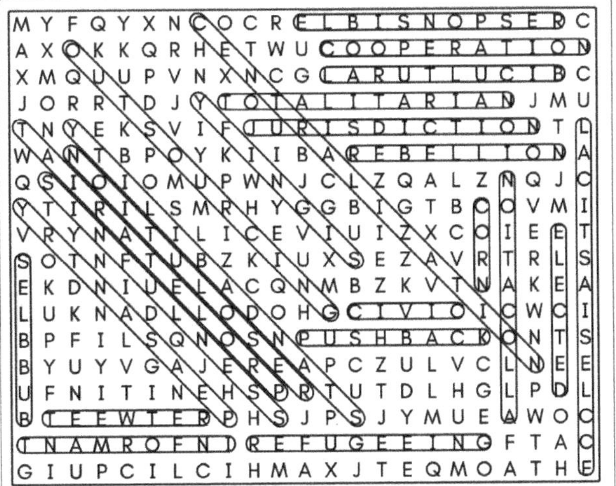

JURISDICTION	REBELLION	PUSHBACK
CIVIC	BICULTURAL	RESPONSIBLE
RESOLUTION	SINFULNESS	ALLOCATION
CORN	STANDABILITY	ECCLESIASTICAL
OUTSOURCING	CENTRALIZATION	PEASANTRY
RETWEET	PROLETARIAT	SIGNIFY
TOTALITARIAN	BUBBLES	REFUGEEING
COOPERATION	INFORMANT	ELECTED

Puzzle # 76

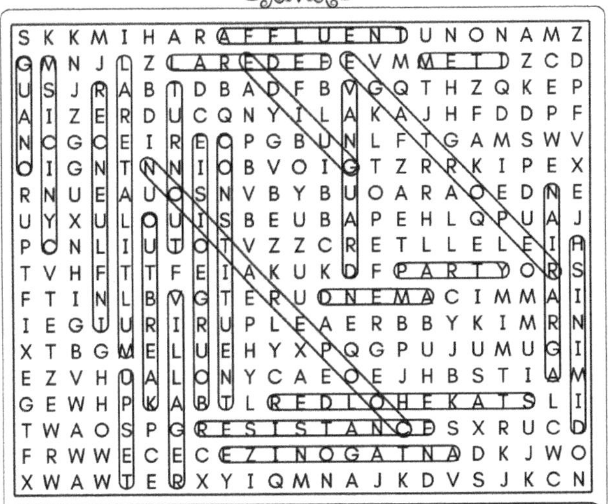

CONSTITUENT	DIMINISH	VANGUARD
FEDERAL	AGRARIAN	CYNICISM
MULTILATERAL	GUIDE	RESISTANCE
AFFLUENT	OUTBREAK	STAKEHOLDER
INFLUENCER	BOURGEOISIE	ANTAGONIZE
ITEM	PARTY	GUANO
COOPERATION	UPSET	REPORTAGE
TURNOUT	VILLAGER	AMEND

Puzzle # 77

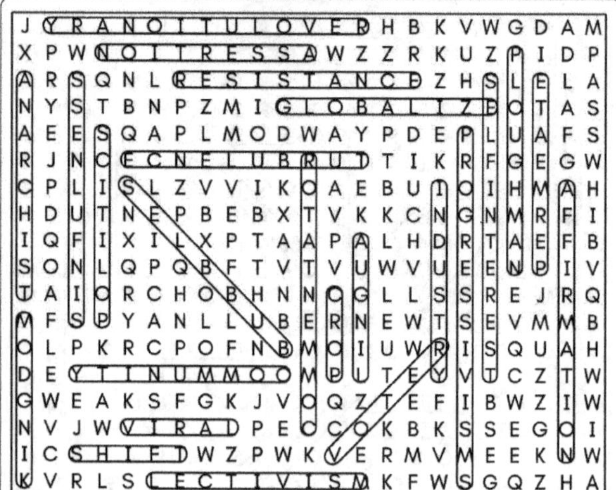

POLITICS	TURBULENCE	ASSERTION
RESISTANCE	COMMENTATOR	PERMEATE
BUBBLES	SELF-INTEREST	INDUSTRY
LINGUA	PROGRESSIVISMS	REVOLUTIONARY
VIRAL	COMMUNITY	PLOUGHMAN
SHIFT	ANARCHIST	SINFULNESS
KINGDOM	CROP	AFFIRMATION
VOTER	GLOBALIZE	LECTIVISM

Puzzle # 78

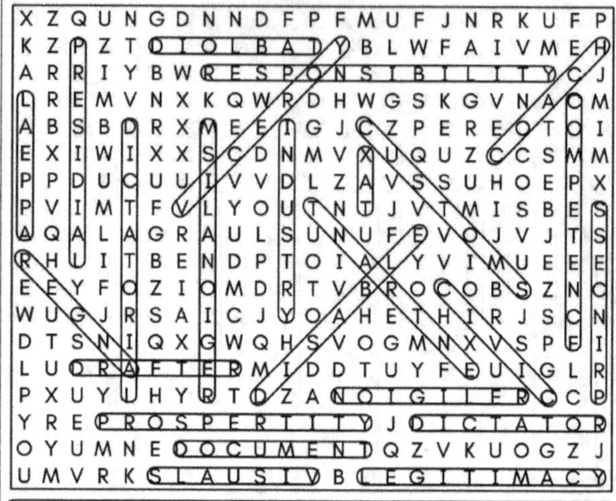

LEGITIMACY	DOCUMENT	VISUALS
INDUSTRY	ANGER	DISABLE
APPEAL	VICEROY	PRINCESS
DRAFTER	PROSPERTITY	RELIGION
COACH	CIVIC	DICTATOR
ENTRANT	TAX	PRESIDIAL
RESPONSIBILITY	CUSTOMS	TABLOID
DICTATORIAL	REGIONALISM	COMPETENCE

Puzzle # 79

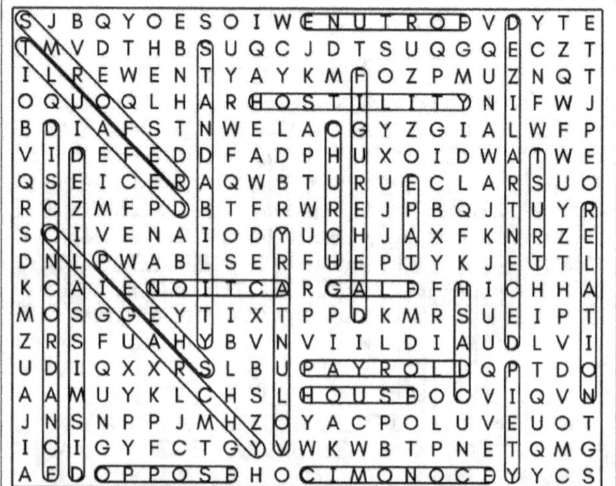

OLIGARCHY	OPPOSE	CLASH
CHURCH	FLAG	TRUST
DEFAULT	RELATION	ACTION
SHEEP	DISMISSALIZED	TAPE
DISCONCORDANCE	VOLUNTARY	FORTUNE
PAYROLL	HOUSE	FIGUREHEAD
DECENTRALIZED	HOSTILITY	STANDABILITY
ECONOMIC	PIETY	REFORMS

Puzzle # 80

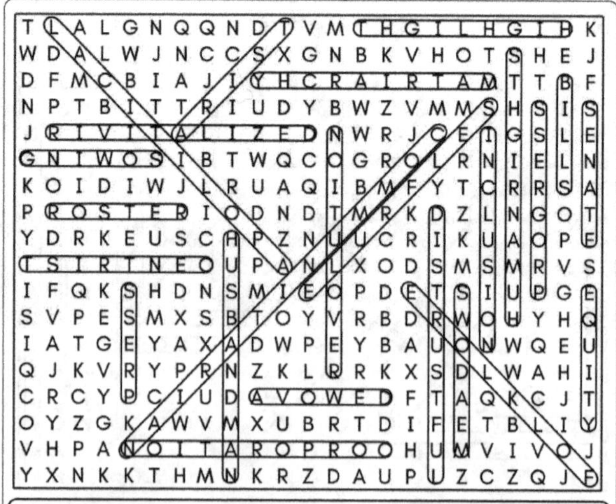

MATRIARCHY	CENTRIST	CORPORATION
SENATE	SOWING	DISTRUSTFUL
COMMUNITARIAN	HIGHLIGHT	BILLS
SELF-RULE	ARIST	APOLITICAL
FOLKLORE	REVOLUTION	PROGRESS
RIVITALIZED	ROSTER	HUSBANDMAN
EQUITY	HUMANRIGHTS	INCLUSION
PRESS	MEADOWS	AVOWED